明道正心

摩莎科技致远之路

刘劲松　魏娟　著

同济大学出版社
TONGJI UNIVERSITY PRESS

《中国轨道交通 AFC 行业里的追梦者》丛书

主　　编　陈凤敏　杜　潜
统　　筹　郑志涛　邓　艳
编　　委　邓　伟　郭　庆　黄宁宅　曾　浪　王建强
吴永锋　蔡中兴　罗洪元　杨　波　李道全
郭晓栋　吴海峰　解永生　胡　军　陆　斌
韦　强　秦树睿
审　　校　李宇轩

明道正心：摩莎科技致远之路

刘劲松　魏娟　著

丛书总序

陈凤敏
高级工程师，“城市轨道交通自动售检票系统工程质量验收规范”国家标准管理组组长，中国信息产业商会理事，中国信息产业商会自动收费专业委员会名誉理事长。

中国信息产业商会自动收费系统专业委员会经过两年多（2017 年 8 月—2019 年 10 月）的筹划，终于隆重推出了《中国轨道交通 AFC 行业里的追梦者》丛书，共计八本，将在两年内陆续出版。序齿列锦：

1. 初创篇：《兰蕙痴情》
2. 方正篇：《方行正远》
3. 熊猫篇：《引石琢玉》
4. 中软篇：《潜心笃志》
5. 普天轨道篇：《前世今生》
6. 大通电气篇：《凝铸精魂》
7. 苏州雷格特篇：《素履向前》
8. 摩莎篇：《明道正心》

遗憾的是，因为时间的关系，还有几本暂不能如愿编入本丛书，希望有后续的机会。

《中国轨道交通 AFC 行业里的追梦者》丛书涵盖了 1988 年以来，我国轨道交通 AFC 行业从无到有、从小到大、从弱到强、从简到新，不断成长、发展、壮大的全过程。这些著作除了本身各有其独立的价值之外，合在一起，堪称我国轨道交通建设和运营中，AFC——这个乘客自助式操作最多、自主化程度最高的弱电专业——全体从业人员不断学习实践的创新发展史。

“盛世修志”是我们中国优秀的文化传统。处在当今这样一个瞬息万变的信息化时代，我们有责任为后人、为年轻一代留下系统、翔实的 AFC 行业发展史料，从而为现今乃至将来交通行业的建设运营提供借鉴；为关心和热爱 AFC 行业的人士熟悉、了解收费系统及其技术提供帮助；也为更好地服务于广大乘客、加快建设交通强国、实现中华民族伟大复兴的中国梦，做出 AFC 人的一份贡献。

令人倍感欣慰的是，可以相信，未来会有更多的有识之士如我们一样，从这套近百万字的丛书中获取有用的信息。

就此机会，谨向付出了艰辛劳动的全体编写人员致以崇高的敬意，向为丛书提供资料的各界人士表示衷心的感谢。

2019 年 12 月 9 日

出版说明

为宣传数十年来我国轨道交通 AFC 行业里众多企业及从业人士在开创和实施 AFC 系统项目过程中刻苦钻研、潜心服务、敢于创新、勇于进取的精神，总结提升我国轨道交通 AFC 系统的专业技术水平和服务保障能力，充分发挥 AFC 系统在轨道交通中的“脸面”作用，推动我国轨道交通事业持续发展，特编写出版《中国轨道交通 AFC 行业里的追梦者》丛书。

“一家一传记，一人一故事。”丛书从业主、集成商、设备制造商、模块供应商、设计院及工程施工单位等多个视角，通过丰富的案例和故事，加上一些珍贵的历史资料，讲述了我国轨道交通 AFC 系统行业三十多年来虽历经艰难却不断前行的发展历程。

在当前“一带一路”倡议的大背景下，结合国家轨道交通“十三五”规划，通过丛书的介绍，可以使业内决策者和具体工作人员更进一步了解和熟悉轨道交通 AFC 系统——这一轨道交通行业里唯一涉及运营收费的专业领域——的作用。

《明道正心：摩莎科技致远之路》是丛书的重要组成部分，主要讲述摩莎科技（上海）有限公司自挺进 AFC 市场以来，迅速成长为 AFC 体系内重要的设备供应商，并在轨道交通多个关键系统以及电力、石化油气、智慧交通、智能制造、煤炭、机场港口等行业全面大发展的历程。本书呈现其在工业通信产业内的成就，同时也尝试从企业文化角度做一些深层次的挖掘和提炼，是探索企业成功密码的一次发现之旅。

前言　摩莎的中国故事

1987年，四零四科技有限公司成立于中国台湾，产品品牌为Moxa（中文名摩莎）。

1996年，摩莎在美国加州设立分公司摩莎美洲（MUS）；

2002年，摩莎在中国上海成立分公司摩莎中国（MCN）；

2006年，摩莎在德国慕尼黑成立分公司摩莎欧洲（MEU）。

……

超过30年时间，摩莎在全球开疆拓土，事业版图从中国宝岛台湾一路披荆斩棘，扩展到世界各地，公司员工从最初的5人发展到现在的1300人，业务覆盖全球超过80个国家与地区，成为全球工业通信领域名副其实的隐形冠军。

柏拉图在《理想国》中说，让我们永远坚持走向上的路，追求正义和智慧。

摩莎充满了柏拉图式的理想主义情怀，尊重人的价值，真正做到以人为本，并且把不可能变成可能。

徐正义（四零四集团董事长、创始人）

摩莎在中国台湾登记的名字是四零四科技有限公司。

取这个名字的缘由是，公司5个创始人是台湾师大附中404班的高中同班同学。大部分中学都叫某年某班，但师大附中比较有特点，所有班级都是永不重复的流水号，从最初创办时的1班，到国民党前主席连战就读的师大附中50班，再到徐正义他们已经是404班。

在所有人眼里，徐正义是个技术天才，懂多种技术语言，是研华科技最早的研发人员之一，他为公司开发的工控机，到现在仍然是研华科技主力产品。同时他还是管理经营的天才，有很多独特的见解，这让周围很多人感佩不已。

每年大学寒暑假，徐正义都跟其他 4 个高中同学在淡水一个小镇聚会。在大三暑假，他们开始接外面的专案，做一些系统整合，开发自动测试系统。

经过一次次理念的碰撞，他们畅想一个企业的理想国——创办一家真正属于所有员工的公司。而且，他们要挑战中国台湾的《公司法》第一条：公司是一个企业，是由一群人组成的、以盈利为目的的机构或组织。而他们理想中的公司却是：盈利不是唯一目的。

关于公司不以盈利为唯一的目标，徐正义是这么解释的：空气和水对人类来讲重不重要？重要，但空气和水是人类存活的条件而不是目的。同样，盈利是公司存续的必要条件，但不是唯一的目的。

大学毕业后，徐正义和 4 个小伙伴服完两年兵役，于 1987 年成立了四零四科技有限公司。徐正义被推举为公司董事长、创始人，成为四零四科技事业版图的开创者。

徐正义首先考虑的是，真正属于员工的公司是一个什么样的状态。如果一个人大学毕业就进入公司工作，付出他的全部青春岁月——事实上，四零四科技的很多员工都是这样一个工作轨迹——公司就有责任和义务为他们创造更好的平台与环境，并带他们走进更好的生活。因此，以徐正义为首的领导层做任何事情，都从员工角度考虑，把员工置于第一优先级。

摩莎不上市的初心也在于此。公司一旦上市，股东会成为第一优先级，这与摩莎把员工作为第一优先级的初心相悖。摩莎所有的制度、文化、工作环境等，全部围绕以人为本、以员工为第一优先级的理念和初心进行设计。员工是公司最重要的组成部分，所以员工快乐不快乐、健康不健康就很重要。

在徐正义的观念里，尊重是相互的，是有回应的：只有对员工尽心尽力，员工才会为公司创造应有的价值，所以摩莎从公司层面，帮助员工找到工作与生活的平衡。

徐正义近些年已经很少去公司，公司里很多人不认识他。

有一次，徐正义进了公司，经过前台，前台的小姑娘看他皮肤黑黑的，穿着很朴素——衬衫、牛仔裤，背着小背包——以为他是取快递的，跑进去问："谁叫快递了？"

还有一次登记外卖，徐正义不小心拿错了。行政气呼呼地问："这份外卖被谁吃了？"徐正义说："是我吃的。"行政说："你怎么可以吃别人的外卖？"徐正义一脸真诚地说："对不起，我错了。"

这样啼笑皆非的事还有很多。徐正义乐于把自己"隐"入这个集体里，做一个可爱的个体，和大家站在平等的位置，这样的行为也深刻地影响了摩莎的文化。

除了分享、平等，摩莎还强调团队合作。团队合作的基础是尊重、平等地沟通与协调，他们创造各种不同的环境，譬如员工俱乐部、社团等形式，就是为了促进所有员工之间的沟通融合与团队合作。

2008 年左右，徐正义退居二线，回到乡下养羊种田，每个月和管理层见一两次，探讨公司发展的方向和战略，谈他的理念、策略和思维，"跳出去，做一个局外人，才能更清醒地看摩莎。"

当然，徐正义关注的焦点已经从之前的产品和技术，逐渐过渡到摩莎要如何成为一个百年企业。

林信琪（集团全球总裁）

如果说创始人徐正义是摩莎制度、文化、理念上的先行者，由此奠定公司的基因序列，那么林信琪就是摩莎全球业务的开拓者。

林信琪是集团总裁，负责整个集团的全面工作，工号是19910001，即1991年当年第一位入职摩莎的员工。

1992年1月，随着邓小平南方讲话，中国经济真正开始腾飞，这之后连续二十多年GDP增速没有低于7%。

1992年3月，林信琪第一次去北京，拓展祖国大陆市场。刚下过三月雪，林信琪穿着军大衣，骑着自行车，大概用了两个星期的时间逐个拜访中关村一条街近百家门店——其中有20多家门店是做工业通信卡片生意的。那时懂摩莎卡的人不多，进入市场的难度很大，只能通过最笨拙的方式一点一点地拓展市场，一个一个客户去谈。

一个偶然的机缘，在北京展览馆参展的时候，林信琪认识了汤先生。他是林信琪在大陆认识的第一个朋友。汤先生刚从体制内下岗，下岗前是做销售的，父亲有技术背景，妻子熟悉财务，他们一家三口刚好组成一个小团队来推广摩莎产品。汤先生做产品销售的时候，遇到不懂的地方，林信琪就一点一点地教他，业务进展很顺利。

两个人经常一起吃饭，开始都是林信琪请客，一年多以后，就都是汤先生请客——赚了钱，汤先生比较早地进入小康生活，给家里添置了电视、冰箱等各种电器产品。“现在回想起来，

30 年前的事情就像昨天刚刚发生过一样，”林信琪感慨地说。

1995 年，摩莎在北京中关村北大南门设立办事处。

2002 年，摩莎在上海注册成立公司。团队从北京迁入上海，摩莎中国正式成立，总部落地上海外高桥园区。林信琪参与组建摩莎中国。

2012—2016 年，林信琪经历他的第三个工作阶段：兼任摩莎中国总经理。

这 4 年里，林信琪除了全球业务的管理和打造摩莎中国团队以外，还带领摩莎中国做了两件非常有长远意义的大事——启动农场计划和重塑经销商管理。

农场计划的灵感来自欧洲的足球青训营和美国的棒球队。对于公司招募成熟、有经验的优秀人才和通过农场计划培养刚毕业的年轻人，林信琪用了一个恰如其分的比喻：“这好比门和窗户，都应该打开。”

虽然中间经历不少波折，但回过头来看，农场计划走出来的不少人已经是摩莎中国的中流砥柱，有些已经开始带团队。林信琪觉得很欣慰，这样的工程在短期是很难看出成效的，必须用一个足够长远的眼光来看这件事情。

这批中坚力量，更坚实地铸就摩莎的文化和信念。

除了农场计划，林信琪还引以为豪的是经销商管理，即规范经销商的行为，并建设经销商与摩莎、经销商与经销商之间的共荣关系——彼此扶持、共同成长。今天的摩莎中国跟各经销商的关系也突破了早期相对单纯的生意关系，渐渐有了更多事业伙伴的味道。

30 年一晃而过，中国经济迅速崛起。

“中国的应用科学发展非常领先，我们经常看到，当欧洲在制定规则、规格的时候，中国已经在广泛投入使用了。”林信琪说，“所以我们必须一直加速。”到今天，摩莎产品在国内已经大量应用到很多涉及国计民生的重要领域。

摩莎希望持续成为工业通信领域的引领者，做百年企业，就必须将中国市场当作自己的主场。这是林信琪的展望，也是摩莎中国的目标和使命。

蔡中兴（摩莎中国现任总经理）

大学毕业后，蔡中兴在台湾服了两年兵役，准备找工作，考虑到大学学的是电子通信专业，希望未来工作也从事通信领域。就在这时，蔡中兴收到一封信，拆开一看，“摩莎”两个字映入眼帘。

他大概未能想到，自己这一生就此和摩莎结缘。

1996 年，蔡中兴入职摩莎，工号是 0076，当时公司一共只有 38 个人，等于说，公司自创始以来前前后后共入职 76 人，经过 9 年，最后留下来 38 人。入职后，蔡中兴先从摩莎在台湾的业务部做起。入职第二年，刚好就是摩莎成立十周年庆典。

2005 年 7 月，蔡中兴来到上海，这一做就是十几年，从开始的产品总监一直做到摩莎中国总经理。蔡中兴来上海时专职负责摩莎的新产品——以太网交换机系列，当时，摩莎交换机在中国大陆市场的生意规模趋近于零，而摩莎的串口联网产品线已经是第一品牌，全球市场占有率超 50%。

背负着使命，蔡中兴硬是花了十几年时间，把摩莎工业交换机做成了国内市场重要品牌，也成为摩莎中国占很大比重的业绩来源。

回忆起摩莎中国的起步历程，蔡中兴最大的感受就是：在夹缝中求生存。工业以太网交换机市场当年基本上被欧美一两个品牌垄断，包括轨交、电力、钢铁冶金、煤炭等大宗的应用，即使摩莎性价比很高，也很少有客户愿意选择摩莎。

没办法，摩莎决定从别人看不上的小生意入手，不舍得放过任何一个机会。无论是订单小却服务重的项目，还是需要特别定制但又没多大用量的客户，摩莎都老老实实闷头做好，不看眼前的利益。

蔡中兴带着摩莎中国认认真真、一步一个脚印地对待客户、对待市场，在某些行业遇到周期性波动时也从未改变自己的态度和坚持。比如煤炭行业，经历了两三年的低谷期，但过了低谷期，摩莎获得了应有的回报。

现在看来，摩莎负责任、重承诺，用长远的眼光和足够的耐心陪伴客户与市场，踏踏实实贴近客户的作风，才是摩莎中国成功的关键。

“摩莎代表了我们民族品牌的崛起，”蔡中兴每当提及这点都充满自豪，“摩莎不只是在做生意，同时一直希望为我们自己的产品、品牌打造声誉。在国际大环境的影响下，很多有情怀、有追求的中国民族企业不断取得行业内领先的成就，甚至走出国门，跟国外企业直接竞争。摩莎非常愿意并很荣幸跟它们合作，共同前进。”尤其在轨交领域的蓬勃发展中，蔡中兴见证了国家基础建设智能化的发展演进。

“我们集团的老板之一在接受工控网采访时曾经说过，我们本来就是立足于国内市场，祖国就是我们的主场，所以我们要在这里真正地发扬光大，成为一个让我们中国人骄傲的民族自主品牌。”蔡中兴说。

摩莎集团投资国内市场的决心显而易见。2017 年，摩莎总部拨款在上海买了一整层办公楼；2021 年，在上海建立生产基地的项目在全速推进，下一步还会设立本土研发基地。

无论是林信琪还是蔡中兴，在回顾摩莎中国的往事之时，都没有主动谈过什么激动人心的大事件，相反，津津乐道的大部分都是些普普通通的小事。不知道这算不算是摩莎中国两代领导者的心有灵犀，但从他们身上很容易就能发现一个共同的特质：秉持一份信念，坚持走自己的路，认定的事情就认认真真去做，踏踏实实向前。或许在他们看来，那些激动人心的瞬间、里程碑式的事件，大概都不过是这些平凡小事堆积之后的水到渠成吧。

积跬步至千里，汇点滴成江河。现在，我们开始讲述摩莎中国的平凡故事（图 0-1）。

图 0-1　1997 年摩莎十周年庆典，左起分别为徐正义、蔡中兴、林信琪

目录

第 1 章
摩莎中国的关键之战

我们很荣幸参与国家重要的轨道交通大发展中来。摩莎有幸跟业内最优秀的民族企业合作，走技术自主化之路，突破技术封锁，打造国家名片。

——蔡中兴

为了一个细节，迭代一个产品

2009 年夏天，六七月份，正是一年中最闷热的时候。持续的高温对任何一件设备都是巨大的考验。

离在广州举办的第 16 届亚运会还有一年时间。

傅涛接到广州地铁的电话：AFC 系统（即自动售检票系统，Automatic Fare Collection System）闸机里的交换机设备接口偶尔会出现脱落，有没有更好的解决方案？快要开亚运会了，不能有丝毫差错。作为摩莎中国轨道交通行业销售经理，傅涛负责华中区、华南区，常驻广州；与之相对应的是张蕾，负责华东区和华北区，常驻上海。

亚运会前，广州地铁先后共开通 7 条地铁线：地铁 2 号线、8 号线、4 号线延长线、3 号线北延线、广佛线一期、APM 线和更早的 5 号线。其中有四条线采用的都是摩莎的同一款交换机，出现脱落问题的都是 RJ45 接口。此时，国内所有品牌的交换机都采用 RJ45 接口。

跟地铁公司深入交流之后，傅涛发现问题与AFC闸机的震动和过于潮湿的气候有关，RJ45端口有可能从交换机接口上脱落（已发生过一两次），地铁业主用过一些物理方法，比如注胶、放膨胀块、插一些紧实的纸张等，把接口暂时固定住。

傅涛跟广州设计院、铁二院、广州地铁业主，以及广州当地的系统集成商坐在一块讨论这个事情要怎么解决。

这不是产品品质问题，而是这类接口天然存在的紧固性问题。尽管摩莎具备技术手段可以让断线的网络切换备用链路，但摩莎总部还是决定从根本上解决问题。

幸运的是，摩莎已经有了相应的技术积累。当时，摩莎跟全球前三的铁路车辆公司都有合作，专门开发了车载级的交换机产品，采用M12航空接口，满足EN50155认证测试标准，拧紧后拔都拔不掉。

摩莎总部给出的解决方案是，采用M12的航空接口模式，为AFC系统研发一款新产品——型号为TN系列的交换机（图1-1）。在全球范围内，摩莎的这一产品尚属首创，这也是交换机厂商里面比较领先的硬件技术。

不过，即使已经有足够的技术积累，在产品更新上，相对来说可能比其他新品要快些，但以摩莎一贯严谨的作风，包括验证、测试、安规等全流程，摩莎还是用了超过半年的时间才正式推荐给客户。

2010年春节后，广州新的地铁线路全部采用摩莎TN5516的交换机产品。这时，距离9月28日的广州亚运会开幕还有半年时间。随后，这一技术和产品广泛应用到昆明地铁、南宁地铁、广佛线、长沙地铁。

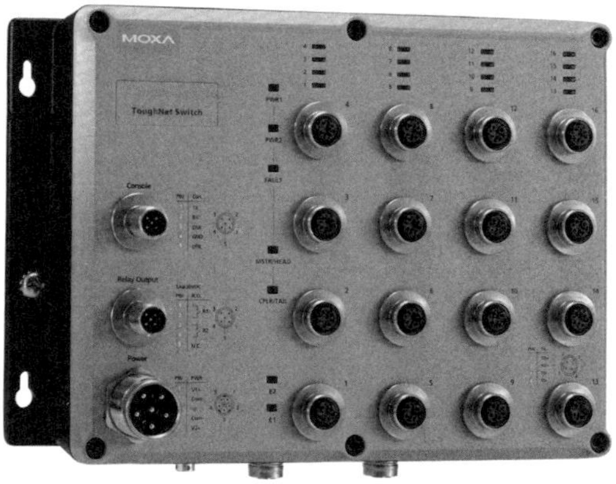

图 1-1 TN-5500A 系列交换机

其实，交换机在地铁 AFC 系统的应用演变过程也经历了多个阶段。

第一阶段是商用级产品变工业级的阶段。早期北京地铁 1 号线采用的就是商用交换机，北上广三个城市都经历过商业级交换机到工业级的过程。没用多长时间，很快就进入轨道行业的大发展时期，全国各地密集建造地铁，工业级产品的应用已经成为共识。

第二个阶段是从二层交换机更新为三层交换机。二层交换机的天然不足是当系统变大、变复杂时，对整个网络的管理会是个挑战，而且一旦出现问题会很难排查。更新为具备路由功能的三层工业级交换机方案可以很好地解决问题。

第三阶段，随着二维码的改造，扫二维码付款通行，交换机从百兆升级为千兆。张蕾介绍说："非常迅猛，眼睛一眨，年头开了个会，年尾有 37 个城市都改造完了。二维码付款又分成实时或者非实时两种，对收钱这件事需要非常迅速做出反应和分配，所以对网络带宽要求更高。”

到了最近一个阶段，开始提出云架构的概念。目前，国内地铁一共有 4 朵云：武汉、昆明、呼和浩特、太原。其中昆明和太原的云架构交换机设备使用了摩莎产品。云架构的目标是更稳定、更可靠。一个地铁站接近百台设备，属于比较大型的工业交换机。未来 10 年预计全部要上云。云架构意义在于：第一是最及时的反馈，第二是资源池的分配。

因为一个看上去并不起眼的细节，摩莎却直接升级迭代新产品，归根结底，是摩莎把产品研发和服务做到极致，真正体现以客为尊。

击退国外品牌，进入轨交 AFC 系统

实际上，在服务广州亚运之前，摩莎中国在轨交系统的真正第一战是广州地铁 5 号线 AFC 系统。

突破这一防线的是傅涛。他加入公司时，摩莎中国正式落户上海不久，公司负责以太网交换机的一共 3 个人，傅涛是其中一个。作为公司较早的一批员工，傅涛面临的最大困难是培育用户和市场，要告诉用户什么是工业以太网交换机，为什么要用工业以太网交换机，以及跟其他产品相比，摩莎的产品好在哪里。

想要开拓市场，必须找到一个突破口。交通、能源、制造业，哪个领域可以快速上量？相比之下，国内轨道交通走得比较前沿。

2006 年，全国范围内开始大范围建造轨道交通，包括铁路、地铁、轻轨、磁浮列车等，交通领域即将迎来爆发式增长。

傅涛的办公室在广州，加上他自己就是广东人，广东一带的关系更熟络一些，文化上也比较容易被接纳。

2006 年夏天，傅涛接到广州地铁旗下 AFC 研发中心的电话咨询，他们在做 AFC 系统，想了解一下摩莎的以太网交换机。

之后，傅涛差不多每个星期至少去一次，跟业主和设计院交流方案。在此之前，广州地铁采用的基本是商用交换机，全部为欧美大品牌。让设计院接受“新人”摩莎的产品，同时还要让业主方这些终端的使用者接受，这个难度真的不小。对设计院和业主来说，接受摩莎算是个不大不小的“冒险”了。

这个项目前后跟进了整整一年，其间有多次的交流、论述、测试与验证，最后，摩莎得到了设计院、业主，还有投标商的一致认可。2006 年 12 月底，广州地铁 5 号线的自动售检票系统全部采用摩莎的以太网交换机，一次采购近 300 台设备。

这是摩莎以太网产品第一次进入轨道交通系统，更是领域内国产品牌第一次战胜欧美品牌，就此打破欧美品牌一统天下的局面。

自此以后，一发不可收。广州地铁 5 号线、6 号线、4 号线延长线、2 号线、8 号线，全部采用摩莎的设备。深圳地铁、杭州地铁、上海地铁等其他城市相关单位也相继采用摩莎的设备，摩莎在地铁 AFC 行业打开了局面，最高峰时所占市场份额超过 6 成。

面对强劲的对手，为什么最后摩莎能够突出重围，成功胜出？

傅涛想了想，第一是市场战略做对了。摩莎成立以来，始终聚焦工业通信领域，切入这个细分市场，做透、做精。第二是针对行业应用做了大量的学习和积累，得到了设计院和业主的认可。第三，摩莎的产品在品质上通过不断地升级迭代，做到更具适用性，更稳定可靠。

关于摩莎的产品品质，蔡中兴谈到过一个小花絮。

深圳地铁较早使用摩莎的第一代产品，使用人员说过这么一句话：“摸起来烫烫的，总感觉要坏，但就是没坏过。”事实上，这样的设计是为了更好地散热，其实产品的整个内部运作是被保护住的，完全不用担心。后来摩莎第二代做了更进一步的优化升级，有关散热的设计还申请了专利。

后来有个比较有趣的现象是，广州地铁有不少人调到其他城市组建地铁公司，比如杭州、宁波、贵阳等，或许摩莎最早在广州地铁建立的口碑也是通过这样的方式开枝散叶的。

摩莎不只是做到精准，也一直用心去实施客户关怀、提升用户体验。

2021 年 7 月，史无前例的极端暴雨袭击河南郑州等地区，暴雨导致的大面积灾情，牵动着全社会的心，洪水甚至灌入运行中的郑州地铁线路并造成人员伤亡，郑州地铁紧急全网停运。为保证市民的生活尽快回到正轨，郑州地铁要求在最短时间内恢复运行，这就需要紧急更换很多损坏的设备，其中包括郑州地铁在使用中的摩莎交换机。

当时对摩莎来说，面临着无法保证货期的严峻考验。其一是 2021 年全球都在经历供应链紧张和芯片不足的困境，摩莎也不能幸免，因上游关键部件的短缺，临时的订单需求根本无法满足；其二是因为暴雨灾情导致铁路列车停运，郑州快递运输也在短期内接近停摆，即使摩莎有现货也未必能送到现场。

但无论多难，摩莎都必须保障郑州地铁的恢复运行工作。

摩莎总部负责供应链的同事第一时间动用所有资源在全球市场上寻找元器件，并报出很高的溢价，想尽一切办法，尝试各种可能性，幸运的是，还真的被摩莎凑足了所需的原料。紧接着进入生产环节，摩莎工厂为郑州地铁所需产品的生产让出产能大开绿灯，终于在地铁公司要求的时间内完成所有产品并交付。整个过程和结果，连摩莎自己都觉得不可思议。

产品如何发往郑州地铁现场是下一个难题。不得不感叹，每逢灾难，中国人骨子里的凝聚力都会被迅速激发，无论多险多难，总有人一往无前，总有人奋勇担当。郑州灾情之下，具体到如何为灾区运送各类物资，无论是政府机构、各大快递公司还是社会团体个人，都想方设法开辟了各种形式的通路，摩莎也通过多种途径找到了这样的资源，最终将产品全部如期送达现场，为郑州地铁在最短时间内恢复运行尽了最大的努力，得到了客户的高度认同。

想客户所想、急客户所急，和客户休戚与共，早已是摩莎基因的一部分。

与 AFC 论坛一起成长

回溯更早，在摩莎中国还未参与轨交关键之战之前，伏笔就已经埋下了。

2005 年，蔡中兴调到摩莎中国，任职产品总监，负责的正是工业以太网交换机系列，此时市场一片空白。幸运的是，蔡中兴有缘结识了中国轨交 AFC 领域泰斗级人物陈凤敏女士，就问她：“陈老师，我该怎么在国内市场打开局面？”

陈老师的回答既朴实又足够有高度：“加入进来，踏踏实实做，坚持下去。”

2006年，摩莎中国加入AFC轨交论坛，成为论坛赞助常青树。

这时 AFC 论坛举办刚过两届，AFC 论坛的发起人正是陈凤敏女士。

2004 年，首届轨道交通 AFC 论坛在重庆召开，参会企业 45 家，代表 102 人。论坛每年均在各城市轮流召开，到 2018 年第 16 届青岛年会时，参会企业超过 190 家，代表人数达 800 多人。

自第 3 届 AFC 论坛起，摩莎中国开始加入，并连续 16 年成为 AFC 论坛的赞助单位，是唯一一家从来没有落下的赞助单位，真正做到了“加入进来，踏踏实实做，坚持下去”。

在一次会议上，蔡中兴着一身西装配暗红色领带。陈凤敏老师看到后，一时兴起，说：“瞧，新郎官来了。”自此以后，蔡中兴多了一个“新郎官”的外号。

必须承认，AFC 论坛的价值巨大，作为行业一年一度的会议，将业主、设计院、系统集成商、设备商链接起来，大家一起讨论方案、组织论坛聚会，彼此对接业务和资源。总而言之，论坛帮助成员单位在最短时间内，找到最适合的人或方案。对于摩莎中国，特别是公司起步时期的轨交业务发展，AFC 论坛及后来成立的 AFC 专委会的指导、组织和调配所起到的关键性作用无论怎样形容都不为过。

另一个非常重要的意义是，论坛主导着中国 AFC 系统标准的制定和技术发展方向，摩莎以设备供应商的身份加入，在与论坛的互动中不断学习行业的知识，帮助自身审视产品的适用性，跟随 AFC 行业的升级也不断升级产品的价值。从这个角度上讲，协会给摩莎提供了一个非常专业的开放式大课堂。

作为轨道交通 AFC 行业的新兴企业，摩莎中国非常坚定，走对的路，把控品质，做好服务，相信专业，并沿着这条路一直走下去。不仅摩莎中国，专业做 AFC 系统的摩莎中国经销商深圳海豚公司也是一样，一直与摩莎肩并肩参与论坛活动，共同推进摩莎产品在 AFC 市场的业务发展。经过多年与 AFC 论坛的互动，海豚公司的陈总和潘总均与陈凤敏老师结下了很好的友谊，也同样跟协会的很多成员企业家变成了可以“称兄道弟”的好朋友，哪怕彼此并没那么多机会相聚。

“坚持下去”，这是摩莎中国非常值得炫耀的事情。

2016 年，AFC 论坛在山东济南召开第 13 届城市轨道交通自动售检票系统技术应用研讨会，会后，会务组组织几百名代表赴泰山一游。上山过程中有些人跟不上，而有些人没有上山，最终也就五六十个人登到泰山山顶。

陈凤敏老师感慨地说：“新郎官这次没来。不知道什么时候能再见到。登到泰山顶上，才真的能体会一览众山小。你们看现在有多少人已经掉了队，他们在最艰难的时刻没有挺住。轨道交通刚刚起步的时候，怎么做都不对，什么都不会，却什么都想用，什么钱又没有，这种年代我们都经历过来了。真正沉淀下来，在轨道行业长期发展，对于像你们这样的交换机品牌是很不容易的。虽然现在还在受很多冲击，但是维持了那么多年那么高的一个势头是很不简单的。”

“就像我们 AFC 行业，只有知难而进，才能达到顶峰。”

“现在沉淀下来的都是未来可期的单位。”

最后，陈凤敏老师点名表扬，摩莎是一个很不错的企业，

图 1-2 AFC 论坛陈凤敏老师应邀参观摩莎上海新址并现场指导工作。
左起分别为：摩莎张蕾、陈凤敏老师、摩莎蔡中兴、摩莎傅涛

非常认真地做产品、做服务、做方案，这样的企业是值得我们与之一起走很远的（图 1-2）。

确实，中国轨道交通经过十多年的高速发展，有些人、有些公司已经掉队或转换赛道了，虽然 AFC 论坛成员每年都在增加，从第一年的 20 人到 100 人，再到现在的 800 人。

张蕾觉得很难得的是，没有哪个轨交论坛能像 AFC 论坛那样坚持那么多年，而且还在不断成长壮大，每年都举办论坛或年会，聚集整个行业的资源来互通有无。哪怕是竞争对手坐在一块聊天，都非常开心，这感觉真奇妙。

一生二，二生三

在突破 AFC 系统市场之后，摩莎选择面对更艰难的地铁综合监控系统（Integrated Supervisory Control System，ISCS）的破

局之战。综合监控系统关系到行车、行车指挥、防灾与安全、维护、乘客服务等关键职能，对产品的性能及稳定性、可靠性要求更高，是欧美工业交换机品牌长期垄断的领域，早期甚至在标书草拟阶段就意味着其他品牌出局了。

不得不说是 AFC 市场的突破奠定了摩莎在轨道交通行业的基础和口碑，才让摩莎有信心、有机会去争取更广泛的地铁应用。

上海地铁 7 号线是世博专线，历经各种挑战，摩莎交换机终于第一次应用在了地铁综合监控系统。跟广州地铁的 AFC 关键之战一样，这个良好的开始预示着摩莎在其他地铁线路同类应用中将会大规模铺开。今天，地铁 ISCS 系统的通信设备市场三分天下中有摩莎。

紧接着摩莎产品开始进入地铁信号系统，即基于通信的列车自动控制系统（Communication Based Train Control System, CBTC），而在这个行业内的中国本土公司要面临一个额外的挑战：信号系统的很多关键技术原本都掌握在国外公司手中。这就要求我们中国的企业不断提高自主化比重，不断创新，才能迎头赶上并超越对手。在这样的背景下，摩莎开始有机会与业内的自主化领军企业合作，除标准产品之外，还与客户企业一同开发了不少定制化产品。多年一路风雨，故事多、收获多、感慨更多，摩莎可以说是客户企业在自主化道路上不离不弃的好伙伴。以此为基础，摩莎又开拓出与业内其他优秀企业的合作，现在的摩莎在地铁信号系统市场已能稳定获取较高的市场份额。

摩莎参与的地铁 CBTC 系统项目中有一个堪称里程碑式的作品——重庆环线，这是全球第一条互联互通的轨道交通线路，而互联互通则是中国轨交信号系统的技术升级方向。

蔡中兴说："国内要做互联互通，支持技术自主，但并不拒绝国外的东西。国家不排斥外来者，我们的互联互通也不是关起门来的互联互通。"当时和摩莎一起参与竞争和测试的是德国品牌，摩莎代表的是技术自主品牌。

由静至动

AFC系统、ISCS系统等，包括摩莎参与的很多轨交电力系统，基本上是部署在车站内或沿线，而轨道交通在整体上是一个超大、超复杂的系统，一个"动静结合"的系统，其中还有很多设备和子系统与轨道车辆相关，是要动起来的。

"我们很荣幸参与到国家重要的轨道交通大发展中来。"蔡中兴说，"摩莎有幸跟业内优秀的民族企业合作，走技术自主化之路，突破技术封锁，打造国家名片。他们都是非常有情怀的人，为了不让老外长期把持轨道系统这么重要的东西，然后漫天喊价欺负我们，他们卷起袖子自己干。"

蔡中兴之所以有这样的感慨，来自与国内信号系统企业一起走过的自主化之路，更来自国家新名片——中国高铁的惊人发展和震撼亮相。

摩莎在中国高铁领域的空白历史终结在2010年。这一年的10月，96台摩莎车载交换机被安装在设计时速500千米的高铁上，承担车载通信的任务。不得不说摩莎有幸：这一项目不仅仅是摩莎的首个高铁车载应用，也是在与国外交换机品牌的竞争中胜出的项目，同时也是高铁首次使用以太网车载通信方案的项目，更是唯一一个设计时速达到500千米的项目。

从开始接触项目到无数次的沟通和讨论、入围、试验线测试、评标到最后中标，一年多的时间里，摩莎人平均每月有总计超过15天待在客户的研究所，平均每天在研究所“领”6杯咖啡——这里的咖啡不收钱，但必须找研究所工程师撕一张票，领一杯咖啡——摩莎在中国高铁领域的第一步就这样开始于一个“咖啡的故事”。

与地铁站内已经比较成熟的子系统略有不同，应用于高铁或地铁车辆的产品在推进前期非常花时间，超过一年只是平均水平。一方面是技术验证期就需要很长时间，毕竟车辆本身是最直接关乎安全的设备；另一方面是在高铁领域中国的自我要求很高，既要突破技术封锁同时又要独领风骚，于是出现很多科研和创新项目，摩莎需要配合整个流程做很多的订制和开发。

2021年7月底，全球首个时速600千米的高速磁浮下线，中国刷新全球最快速度。这个项目总耗时5年之久，摩莎为车辆检测系统提供工业电脑主机。

因为同行客户的推荐，项目方找到摩莎中国团队。对方是大学的老师，对细节抓得比较严苛，沟通规格和技术确认就花了特别久的时间。摩莎其实不知道对方在做的具体是什么项目，而且，项目需求不大，摩莎只需要提供几台设备而已。与项目方从沟通开始到谈订单，差不多用了2年。

“供货以后才知道是这个项目，客户对我们的服务很满意，觉得我们很认真、很重视，从头到尾也没有嫌他烦，在芯片最紧缺的时候我们还能尽量保证给他们出货，后来客户就又在其他项目上沿用了我们家的产品，”摩莎负责项目的员工回忆说，“很庆幸我们没有放弃，之前问一些项目信息，客户一直都不透露，大概这是属于保密性的吧，所以我们一直就是当作一个很小的科研项目在配合。”

相关新闻背景——

7月20日，“高铁四方”微信公众号发文（节选）：

世界首套！我国时速600千米高速磁浮交通系统下线！

7月20日，由中国中车承担研制、具有完全自主知识产权的我国时速600千米高速磁浮交通系统在青岛成功下线，这是世界首套设计时速达600千米的高速磁浮交通系统，标志着我国掌握了高速磁浮成套技术和工程化能力。

为掌握高速磁浮关键技术，在科技部“十三五”国家重点研发计划先进轨道交通重点专项课题支持下，由中国中车组织，中车四方股份公司牵头，汇集国内磁浮、高铁领域30多家高校、科研院所和企业“产学研用”联合开展了时速600千米高速磁浮交通系统的研制。

项目于2016年10月启动，2019年研制出试验样车，并于2020年6月在上海同济大学试验线上成功试跑，经过系统优化确定最终技术方案，于2021年1月研制出成套系统并开始了6个月的联调联试。

至此，历时5年攻关，时速600千米高速磁浮交通系统正式下线。

第 2 章
治通信的病

隐形冠军们大多从事制造业且极为专注自己的细分领域，在创新和研发上不遗余力，拥有出色的产品和服务，并且在全球化的进程放出巨大的竞争力。

——赫尔曼·西蒙（德国管理学思想家）

立足之本

梁国政正在云南昆明至楚雄的高速公路上执行一项新的任务。高速公路管理局的 3 个工作人员开一辆黄色的工程车从昆明出发，前往楚雄，梁国政乘坐经销商的白色私家轿车紧随其后。上午 10 点出发，工作到下午 3 点结束。这个时间段也是一天中车流量最小的时候。

这是 2017 年 8 月底的一天。高速公路两侧每两千米一根立杆，立杆上安装了摄像头、交换机、传感器等设备，实时监控来往车辆，遇到任何情况，后台中控室都会第一时间收到图像、数据等信息。

他们每两千米停车一次，摩莎的工程师下车检查立杆下方的电箱，检查半个小时，接着赶往下一个两千米处。昆明到楚雄的高速公路全程 170 千米，从南往北单程路段共设有 85 个立杆，对应 85 个电箱。这意味着梁国政和工程师需要一路上走走停停 85 次，从开始半个小时一次到后面十几分钟一次，忙了整整 3 天。

与过往的模式一样，梁国政并不着急推进销售业务，而是从提供服务开始。

在这之前，云南高速遇到了一个头痛的问题：昆明到楚雄高速全路段的摄像头画面不流畅，经常遇到卡顿现象，问题已经持续了整整 2 年。云南高速找设备厂商，设备厂商说他们的设备没有问题；接着找通信厂商，通信厂商说他们的通信部分没有问题；再接着找到平台厂商，平台厂商说他们的管理系统也没有问题……皮球踢来踢去，悬在半空迟迟没有落地。

3 天后，排查完 85 个电箱，摩莎的工程师找出问题所在：某品牌的摄像机在遇到画面变多的时候，流量增大，而摄像机版本又不统一，最终导致画面卡顿。最后，摩莎给出建议，联系摄像机厂家，将所有摄像机版本升级，就此解决了画面卡顿的问题。

摩莎的服务和专业精神，赢得了云南省高速公路管理局的赞赏。云南省高速公路管理局主动邀请摩莎参与接下来的项目竞标。11 月中旬，摩莎中标，开始施工，到第二年 3 月底完工。云南省高速公路管理局共采购了 500 多台摩莎的以太网交换机。

设备运行 3 年时间，没有遇到一例故障。梁国政说，他不认为销售就是比价格，就是应酬，摩莎的销售理念其实很简单，就是把产品做好，把服务做好。

摩莎的英文名叫 Moxa，翻译成中文的意思是艾草、艾条，中医可用艾草主理身体的“通症”，用在工业领域就是“治通信的病”。

这是摩莎的立足之本。

作为工业通信领域的知名品牌，摩莎产品专注在工业领域实现万物互联必不可少的环节——网络建设和数据传输。据摩莎中国产品总监介绍，工业以太网交换机在时间上属于摩莎的第二代产品序列，第一代产品是包括摩莎卡在内的串口联网相关设备，第三代产品包括工业电脑、工业无线、远程 I/O 等一系列产品。

与民用、商用领域的产品要求不同，工业级产品强调的是要适应非常恶劣复杂的工业环境——灰尘、极端天气、电磁干扰等，而且在工业环境一般都是需要 24 小时不间断地运行，并且可以稳定运行 8 年到 10 年（图 2-1，图 2-2）。

摩莎目前串口设备的市场占有率长期稳定在全球第一，以太网交换机市场占有率全球前三。从 1987 年公司创立至今，摩莎已经在工业通信领域积累了超过 30 年的经验。

截至 2021 年 5 月，摩莎产品已联结全球范围内超过 7000 万台工业设备，为全球 80 多个国家的客户提供边缘连网、工业

图 2-1 腐蚀环境下正常运行的摩莎产品

图 2-2 高粉尘环境下正常运行的摩莎产品

计算和工业网络基础建设解决方案，被广泛应用到工厂自动化、轨道交通、智能电网、智能交通、石油天然气、海洋和矿业等领域。

摩莎卡代表一种行业标准

有点像早期国人对 SUV 车型的统称，直接称为吉普车，而实际上吉普（Jeep）只是个品牌，并不是汽车品类。而在工控业内，很多人将多串口卡这个品类直接称为：摩莎卡。

12 年后，已经是摩莎中国产品经理的小张仍然能够回想起在之前一家企业工作时客户清晰有力的回复："工控机我可以买你们家的，但是对不起，串口卡我只要摩莎卡。"作为一家上市公司工控机的销售人员，小张非常不解：摩莎卡是什么？为什么客户宁愿选择 1000 块钱一张的摩莎卡，也不肯选择我们公司售价 200 元的串口卡？这两个价格相差整整 5 倍呀。

客户的解释是：摩莎卡是一个串口卡的品牌，在行业内，摩莎卡代表行业的最高标准，我用得习惯，适用性高，品质可靠。这次机缘巧合成为小张和摩莎结缘的起点，也间接促成了他不久以后加入摩莎中国，在公司里一待就是 12 年。

摩莎中国总部位于上海，在北京、成都、深圳、南京等地开设有分公司或办事处。

事实上，摩莎卡确立行业地位的时间远比 12 年前更早，20 世纪 90 年代初期就已推向市场。在中国市场，2003 年贵州省的一场洪水让摩莎卡口碑"封神"。

客户的整个厂房被淹，所有设备资产全部报废。当时，一台工业电脑价格不菲，工业电脑机身都会配备串口设备，包括串口卡。工业电脑在运行过程中进水，已经报废了，但客户把摩莎卡拔下来甩一甩，晾晒两个礼拜之后，插进另外一个新的设备发现还可以用，所有数据完好无损。

客户惊呆了：这哪里是 5 年质保，这分明是永久质保。

摩莎通过一张小小的卡片打开市场，奠定了品牌的口碑和市场地位。摩莎卡的称谓是行业里对摩莎产品的高度认可，代表一种行业标准，说明摩莎产品品质足够硬、足够专业。

摩莎卡是摩莎的第一代产品，除了串口卡，还有其他串口设备。最早期的打印机只能放在电脑边上，那时候还没有以太网，电脑与打印机通过串口连接。摩莎创始人徐正义非常敏锐地捕捉到了行业痛点，他觉得一台电脑只有一个串口根本不够，连了打印机，就没办法连接别的设备，能不能做一个串口扩展设备，这样一台电脑就可以连接更多台设备。

产品研发出来后，投放到市场，这个市场很快就起来了。这是摩莎赚取的第一桶金。一直到现在，30 多年过去了，摩莎的串口设备依然应用在工业通信领域，市场占有率超过 50%，全球第一。

实际上，业内做同类产品的企业当然不止摩莎一家，只是在发展过程中，很多厂家已经选择离开，或者被淘汰了，但摩莎一直在做，而且做得非常精、非常专。

用经销商的话来说，在全球市场上讲到串口设备一定会想到摩莎，放眼全球，摩莎已经没有对手。在工业通信领域，摩莎的产品确实更稳定、更可靠：耐高低温，不受噪声、灰尘等各种复杂环境的影响，即使在强电磁或雷击的情况下也能保护好自身不受损坏。

毕竟，在工业领域，安全、稳定、可靠是第一位的。

有收获也有遗憾

2016 年 7 月底，梅雨季刚刚过去，气温猛地蹿上来，热浪在海上打个滚，涌上深圳妈湾码头。妈湾码头是深圳四大码头之一。码头旁就是运营大厦。

摩莎中国销售总监梁国政，从码头公司 15 层的办公室往窗外看去——辽阔的大海上，浮起彩色的集装箱之城，几乎有 5 个天安门广场那么大。工人们坐在 30 米高的顶端，高耸入云，操控着龙门吊，来装卸集装箱。而此时并不恐高的梁国政，却惊得脚底发麻。

码头运营公司的副总经理李玉彬，一眼看穿了梁国政的心思。他在这个码头工作了 20 多年，每天和几百个工人打交道，他比任何人都熟悉码头，比任何人都要懂，这些晒得黑黝黝的工人是如何向高空讨生活。

每天早上，320 个龙门吊下的工人们，准时到位，戴着安全帽，系紧防掉绳，带上一天的干粮和水，手脚并用，快速往自己的龙门吊上爬。上去需要经过 3 个转弯平台，在平台上喘几口粗气，继续往上，直到顶部的操控室，差不多需要 10 分钟。

爬上高空中的操控室，才是一天工作的开始。弯腰，低头，眼睛紧盯地面，小心仔细地操控着龙门吊，吊起箱子，搬运集装箱，始终保持同样的姿势和动作。没有特别紧急状况不能离开，连续作业 8 小时，“工作年限长点的工人，腰和颈椎都不行了，”李总介绍说。

遇上雷雨风暴等极端天气，往往意味着更多的生命威胁。李总说：“无数次看着这样的工作场景，心都会绷紧，时常设想：

我们什么时候可以用上更先进的智能技术？让电脑程序自动执行任务，工人安全舒服地坐在办公室，吹着空调，坐在电脑前做着关键环节确定，码头集装箱作业还能有更高的准确性和效能。”

他要做国内第一个智能化码头！

听完李总的需求，梁国政突然觉得这个项目已经不单是一个生意，而是具有不可替代的社会价值和意义，码头智能化的背后是追求科技进步、追求产业发展，是保障健康生命、是饱含人文情怀的科技创新，是更有力量、更有使命感的。接收到这样的信念，他心底马上做出本能回应：尽我所能，全力以赴！

于是，摩莎团队开始研究项目的现实问题与可行性。

从全国来说，妈湾码头是第一个提出要对码头进行智能化改造，并进行自动化作业尝试的码头。他们想过很多种办法，开始安装的是有线产品，传输稳定，但有弊病：龙门吊需要移动一两百米的距离，有线网络很容易受损、断线。随后换成无线网络，又有新的问题：遇到恶劣天气，或因任何障碍物、电磁干扰，通过无线网络传输的图像就会出现短暂延迟或中断，这导致工人明明看到并对准了集装箱，就是吊不起来。

两周后，梁国政有备而来，带来摩莎技术专家，还带来产品和方案。和第一次一样，会谈持续 3 小时。妈湾码头初步同意，办公室附近的 5 台龙门吊交给摩莎做智能化的施工测试。随后，技术专家和施工工人在妈湾码头安装、调试、施工，整个测试工作进行了三四个月。

2017 年元旦刚过，妈湾码头的招标结果出来了：摩莎顺利中标。标的从开始单一的以太网交换机设备采购，到中标后用到了摩莎的全部产品：摩莎的以太网交换机、无线产品、摄像头、工业电脑。2017 年 9 月，妈湾码头的龙门吊安装了 5 台智能化设备，梁国政应邀前往深圳妈湾码头参观。

跟上次看到的景象相比，这次似乎简单多了，工人只需要坐在安装空调的监控室里，通过智能化操作系统，吊取码头上的集装箱等货物。幸运的是，截至 2018 年年底，妈湾码头全部实现智能化。同时，还有招商局营运的宁波港，也全部实现了智能化。

3 年时间，梁国政带着 10 名摩莎的同事和经销商，夜以继日，全力以赴，终于等到靴子落地。看着工人轻松地吊集装箱，李玉彬很高兴地说，他的理想算是实现了，很有意义、很有价值。做过这个项目之后大家就更能理解，为什么要找到价值和意义，才有源源不断的动力。

必须承认，摩莎当时提供的方案其实并不完美，因为对行业的积累不足和自身的产品路径调整，摩莎的部分产品在后来也出现一些波折。“我们在这个项目中学到了非常多的行业知识，收获是巨大的，但遗憾也确实不小，”几年过去了，梁国政每次谈起都要感慨，“除了总结我们自己的得失，归根结底还是要依赖技术的进步。”当时还没有 5G，也没有 TSN（Time Sensitive Networking，时间敏感网络）产品，只能通过已有的技术进行解决。再次回顾妈湾码头项目，梁国政更多了一番恨不能重来一遍的复杂心情。

现在，借助 5G 的应用，妈湾码头再次升级，据《广州日报》报道：深圳妈湾港将成为传统码头智能化升级的典范。

随着提前完成 4.5 万个 5G 基站的建设目标，深圳宣布进入

5G 时代，开始向建设全球 5G 标杆城市迈进。

在深圳蛇口的妈湾智慧港，记者看到，装卸集装箱的一个个巨型岸桥上，再也看不到人工操作员的影子，一辆辆穿梭在港区的智能拖车里，从前的驾驶员被解放到副驾驶座上，成为安全员的他的双手再也不用放在方向盘上。

……

妈湾智慧港作为招商港口智慧港口建设的头号工程。招商港口副总经理李玉彬表示，妈湾智慧港项目已进入测试作业阶段，投产后有望成为国内外传统码头智能化升级的典范。

妈湾智慧港是中国首个由传统码头升级改造成的自动化码头，在码头现场展现了丰富的科技应用场景。通过 5G 应用，实现高速率、高带宽、低延时，保障港口设备的高效安全运行；通过北斗系统，实现了港口设备设施高精准定位；通过打造智慧口岸，集成先进技术，实现无纸、无人、无感的智慧口岸服务；通过区块链，让港口服务更高效、更便捷、更低成本；通过绿色低碳系统，全方位环境保护实现港口绿色发展；通过招商 ePort，集成线上线下，构建物流生态圈，为客户提供全流程的智慧服务；通过集成自动化技术，实现港口全场景生产自动化。

每个岸桥上有 22 个高清摄像头，可以在远处控制这个集装箱的拆卸。旁边的自动化堆场设备可以完成集装箱的自动装卸，完全不需要人。每台智慧拖车的副驾驶座都配备一名安全员，以应对紧急状况进行人工干预，保障行驶作业安全。

隐形冠军

冶金行业是中国比较早进入自动化阶段的，摩莎中国成立不久就参与其中，如首钢、马钢等（图 2-3）。

“地铁、高铁、汽车、建筑，很多基础设施和大宗商品的生产对钢铁的需求都很大，这就对冶金行业的发展水平有更高要求，然后才能支撑各个领域的发展。”梁国政印象中，那时很多冶金企业还在分区生产，大家各做各的事情，就像孤岛一样。这种孤岛式的工作相对来说生产效率和良品率都很低、能耗又很高。想要改善，就需要智能化。

智能化的基础是网络和通信，这是摩莎的专业。

“冶金质量提高了，技术更加成熟了，正好赶上国内汽车产业大发展，城市兴建地铁等交通基础设施，以及房地产的一

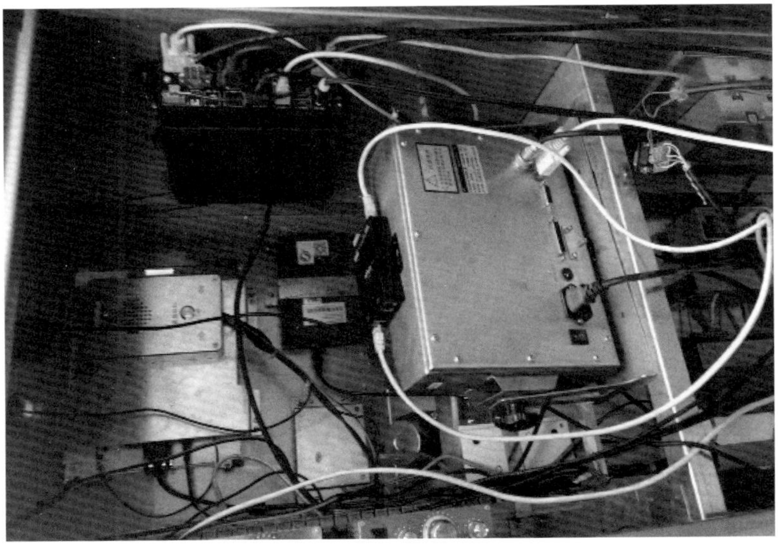

图 2-3 摩莎产品在钢铁冶金现场

波又一波高潮，那么多钢材要消耗到哪里去？就是造汽车、造地铁、盖房子嘛。”梁国政说。后来北京办奥运，2006 年开始规划建造新一批地铁，地铁车站的建设、电力设施的建设都需要大量基础的通信设备，这让摩莎开始更集中地规划自己的发展策略。

摩莎中国的市场发展归根结底是要基于国家宏观政策走向和产业发展，无论是早期的基础建设大发展带来的电力、交通、冶金、煤炭等行业高速成长，还是后来工业化和信息化两化融合推动制造业的变革，以及当下工业互联网的大潮，摩莎必须跟着这样的趋势走，才能找到最大的发展机会。

跟着基础建设的思路，梁国政顺理成章进入电力领域。

“中国早期的电力人才在山东比较集中，后来在江苏也形成了很大的电力群落，”梁国政介绍说，“我们刚到北京的时候还遇到过多次跳电，到后来已经不太跳电了，为什么？因为所有的自动化都已经有备份装置了，当侦测到电流跟电压在瞬间可能会产生交叉异常的时候，就会跳到备用机组里面，我们的交换机和传感器对电力调度自动化的稳定性起了很大作用。”如果说只是日常生活停电，大家可能觉得还可忍受，但在一些重要的基础设施里面停电的话，那会带来非常可怕的损失。

让梁国政至今引以为豪的是他带领团队花两年时间攻克的国家电网首座 220 千伏智能化变电站——无锡西泾变，这是中国第一座真正意义上的智能化变电站，哪怕放眼全球也是非常领先的。

现在智能化变电站早已在全国普及，国家电网无锡西泾变综合监控系统以及后来更多的智能化变电站采用的摩莎产品，均稳定运行至今（图 2-4）。

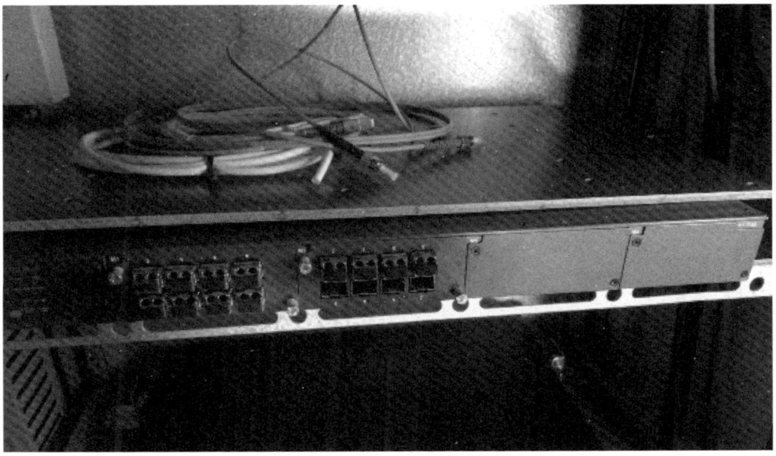

图 2-4 摩莎产品在电力现场

作为工业通信领域的知名品牌之一，摩莎也许听起来多少有些陌生，但它实际上无处不在。比如我们坐地铁去公司上班，从进站开始，就已经在使用摩莎参与的 AFC 系统；进了地铁站，地铁站里的乘客信息系统给我们提示，摩莎设备是其中的一环；综合监控系统维持所有设备有序稳定运行，同样不缺摩莎的身影；行车途中，信号系统与其他各系统合作确保车辆的安全可靠，摩莎也当仁不让地在里面提供价值。

蔡中兴说："包括人们经常乘坐的高铁——复兴号、和谐号，车载设备、站内设备、铁轨道边设备，很多企业整合在一起成为超级复杂的系统才能确保行车安全和品质，其中都有摩莎的身影。"

可能很多人会认为，工业通信的东西很难感受到，距离大家生活太远。"其实日常生活当中最重要的基础建设，我们几乎都参与，我们是一个专业的角色，负责其中与传输和控制相关的关键部分。从早期冶金、煤矿、电力、轨道交通、石油石化，到后来的智慧高速、智能制造、智慧城市等，”蔡中兴说，“所有涉及国计民生的基础设施领域，几乎都有摩莎的身影，只是大家看不到，也很难感受到。其实摩莎通过工业通信，通过互联互通，在非常广泛的领域内承担着关键的任务。”（图 2-5 ～图 2-8）

图 2-5 摩莎产品在地铁现场

图 2-6 摩莎产品在高速隧道内

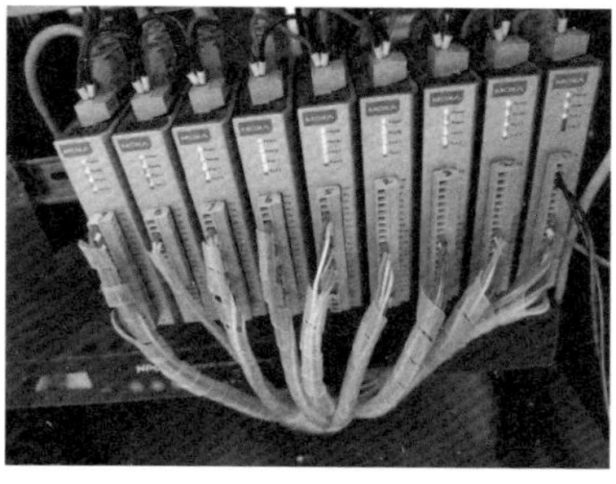

图 2-7 摩莎产品在远洋船舶控制系统内

图 2-8 摩莎产品在矿山智能化系统中

现在，摩莎又见证了各个行业领域智能化的快速转型，跟随时代的步伐快速增长。摩莎参与的代表性案例非常多，比如北京的水立方和 2017 年厦门举办金砖会议的夜景灯控。

北京的水立方一共采用了 200 多台不同规格型号的摩莎以太网交换机，从《控制工程》的报道中，至今仍能窥见其中对摩莎品牌品质的肯定。

在建筑照明和灯光景观方面，晶莹剔透、变幻莫测的水立方更是成为最先进的灯光控制技术的“集大成者”，而来自摩莎这一工控民族品牌的网络通信产品则成为了“集大成”过程中的重要功臣……

据系统的集成商介绍，水立方照明系统控制项目选择摩莎的产品，主要因为摩莎的工业以太网交换机所具备安全可靠性和环境适应性。例如这些产品都通过了国际 UL、IEC，国内 CE 、海事认证 DNV、GL 等众多认证；其操作适应 −40 ~ 75℃的宽温环境和 5% ~ 95% 的相对湿度环境，平均无故障时间 MTBF 达 240 000 小时，无风扇的工业设计还降低了设备能耗和噪音。

厦门金砖会议的动态灯控夜景当年是首创，全世界的新闻都在播报，这让世界重新认识厦门：红火的三角梅、绽放的荷花、畅游的金鱼……厦门园博苑的夜景一度被媒体称为现实版的“海上生明月”。

30 多年来，摩莎习惯了低调为人、专心做事。它低调到什么地步呢？在各个搜索软件里，除了贸易商的产品信息，几乎搜索不到摩莎厂家自身的任何信息，公众对摩莎的了解几乎为零。而摩莎中国的每个员工，以及深入了解摩莎的经销商和客户，提起摩莎，挂在嘴边最多的一句话是：摩莎是工业通信领域的隐形冠军。还有一句话是：摩莎无处不在。

按照《隐形冠军》一书作者赫尔曼·西蒙教授的标准——在行业内处于领先地位，或拥有数一数二的市场份额，或具备一马当先的技术优势，在公众视野内相对低调，年收入在50亿欧元以内——摩莎全部符合，是工业通信领域当之无愧的隐形冠军。

雷·库兹韦尔在《奇点临近》一书中讲到一个现象：

人类20世纪100年的发展相当于过去5000年的发展；2000—2015年这15年间的发展相当于20世纪100年的发展，2015—2020年这5年的发展相当于前面15年的发展。

世界正在以一种加速度的方式突飞猛进。可以预见，属于工业互联网的时代已经到来。搭上中国经济的快车，未来20年，摩莎中国期待新一轮的爆发式增长。

客户说——

@大江

我公司主要提供高铁牵引变电所整体解决方案，从中国第一条高铁武广线到第一条全智能高铁京张线，一直使用摩莎产品，也见证了高铁演变史。摩莎的产品及服务完全满足需求。

@洋洋

伴随“一带一路”倡议，中国的新能源行业扬帆出海。在摩莎的保驾护航下，我们在非洲某国国家数据中心光储一体化系统中的新能源发电系统，全天候无故障运行。未来的日子越来越多的项目将继续选择摩莎，一路随行！

@XX 红

我公司是主营矿山及水厂自动化的，使用摩莎的交换机及无线 AP 已有约十五年时间。摩莎稳定可靠的产品，减少了我们很多后期服务的投入。我们有些项目的环境恶劣，摩莎的 AWK-4131A 长期泡在泥水中已十年，未出现任何问题。

@Thomas

我公司海外项目常年采用摩莎相关设备，摩莎设备经过了非洲严苛的环境考验，一个非洲油田项目中我们采用了将近三百台摩莎交换机、网关和转换器，无一故障。在非洲另一跨境输油管线控制系统项目中需要通过网关采集将近三千个模拟量数据，别的厂家设备在测试中发现实时性和稳定性都无法满足要求，最后采用了 MGATE 3180 网关，解决了大数据量下的通信可靠和稳定性问题，确保了项目顺利交付。

@GoodlooKING

第一次接触摩莎是污水处理厂里用的交换机，稳定而高效。在后来的工程应用中，安装调试了很多用于 rs485 转以太网的 5130 网关，易于调试，小巧便捷又通信稳定。对摩莎的产品，有一种自然的对质量放心和使用得心应手的感觉。

@ 只要你好

我是铁路行业的，用到三款摩莎产品，有 USB 转串口工具，串口服务器，这几款产品质量杠杠的，非常好，尤其串口工具，自从用了它之后没换过其他品牌，我也给其他同事和采购部推荐了这些设备，每年采购部要大量采购好多串口服务器，真的很好用，真的很了不起。

@ 飞翔

西藏阿里地区海拔高、气候寒冷，冬季最低气温 -20℃以下。阿里地区气象站主要用于地面气象服务等。由航天新气象提供的气象观测设备，负责区域内的气象监测工作并对重大气象灾害进行评估，为人民政府组织防御气象灾害提供决策依据。气象站中使用的首批摩莎设备于 2017 年安装并投入使用，经过 4 年多的稳定运行，向西藏自治区气象局传回了大量气象数据，如此严苛的自然环境下摩莎一直能稳定运行，使我们技术人员很放心。

@ 李先生

不知不觉摩莎设备已经陪伴我公司十余年了，为我公司的重要数据传输提供了坚实可靠的条件，漫漫十年，从未有过任何问题，随着时间推移，新设备已经购置回来，准备用新设备去替换已经服役十年的老设备，继续合作第二个十年，老设备的退役也将在新员工的培训实操中继续发挥余热，服务一代又一代供热人。

@Charles

从公司建厂开始，就开始认定了摩莎的串口服务器，公司自始至终认定了摩莎，车间中使用的服务器全部都是摩莎，再到分公司的建厂，摩莎是最好的选择，成为摩莎的忠诚用户，感谢摩莎。

@ 咩咩

目前在用摩莎的 DA820 电力专用计算机，应用于储能领域，管理 10MWh 的青海格尔木项目。在高海拔、低温的恶劣环境下，稳定运行近一年，设备稳定可靠，使用非常满意。

@ZHANG

骨干网作为有轨电车通信系统的核心组成，采用摩莎交换机，连续运行多年以来稳定可靠，以极低的故障率保障了有轨电车的正常运营，致敬！

@A_ 遇事不决可问秋风 _

感谢摩莎供应商对我公司机器人产品的大力支持，与贵公司合作已十余年。摩莎系列交换机和无线客户端产品质量稳定，故障率低，有效助力我公司产品走在 AGV 机器人前沿行列。

第 3 章 触及未来

我们总是高估在一年或者两年中能够做到的，而低估五年或者十年中能够做到的。

——比尔 · 盖茨

时间的确定性

人类总会对未来抱有无限美好的憧憬和渴望，但未来世界到底是什么样子？早在 20 年前，科幻电影《少数派报告》中就有对未来城市的展示：

用声音控制房间里的灯和电器；用手指在透明的电脑屏幕上操控影像、完成指令；到处有摄像头扫描每个行人的瞳孔，进行身份识别；动态的电子报纸，用电子油墨打印的新闻可随时更换；商店里的摄像头捕捉、识别每个行人的脸孔后，推送个性化广告……

当然，最令人印象深刻的还是影片中四通八达、上天入地的磁浮交通系统。这套交通系统像蜘蛛网一样，将所有摩天大楼高低错落连接在一起，每个大楼和每个楼层之间都由轨道系统链接。在这个轨道系统上高速地行驶着成千上万个没有车轮的汽车。住在这个摩天大厦里的居民，推开悬空的门，就会有一辆空车风驰电掣地驶来，停在门口。你跳进车，车门自动关闭，输入目的地，这辆车就会把你送到目的地。每辆车可以在水平的轨道上开，也可以在楼表面垂直爬行。到了目的地，你跳下车，它又开走了，去接下一个乘客。虽然车辆多、速度快，但完全不会发生撞车事故。所有车都是自动驾驶的，由智能的中央系统统一控制。

站在20年后的今天来看，即使这样的想象并未完全实现，但人们已经不会再觉得夸张，似乎感觉这一切正在到来的路上。而现实生活中，我们也正在经历万物互联的革命。

2021年3月，在四川雅康高速公路泸康连续隧道中段，一辆满载货物的货车轮胎高温冒烟，濒临自燃。3秒后，隧道消防感知系统发现警情，并出现预警提示。接到预警提示，交警指挥货车司机将车引导到两个隧道之间的桥上进行处置，避免了后续车辆追尾等事故的发生。

这一切是怎么做到的呢？这是业内领先企业牵头整合全国各个设备供应商，与政府共同打造的高速公路车路协同系统，摩莎中国是其中一个重要的设备供应商。

长度几百千米的高速公路上，每隔200米就有一根立柱，立柱上装满了传感器、摄像头等监控设备，高速公路上发生任何情况，中央控制系统都会在几秒内收到警情并发出预警。而承载和连接前端车辆与后端中央控制系统的是摩莎最新产品——TSN交换机。

“时间说不好，可能三五年以后，也可能更晚。”摩莎产品经理介绍说，“TSN是目前比较前沿的技术。传统以太网最大的问题是时间的不确定性，比如给一个人发信息，对方可能在一分钟后收到信息，也可能两分钟、三分钟后。但在工业上采集数据或发出指令，可能需要达到秒级甚至纳秒级的要求，数据网络的实时性和确定性是问题的关键。”

所以，TSN 最核心的要素是时间的确定性。作为新一代的工业通信技术，TSN 可以同时承载实时性数据与非实时性数据，使工业现场得以构建一个具有“时间确定性”的集中网络。

2019 年 5 月 14 日，工业互联网联盟（AII）官网上发布《TSN 产业发展报告：网络设备互通测试报告》，摩莎顺利通过相关测试。作为国内首次 TSN 设备互通测试工作，此次报告的发布是我国 TSN 技术发展的又一里程碑，对 TSN 技术落地将起到重要的助推意义。

2021 年 9 月 28 日，北京国家会议中心，由工业和信息化部主办，中国信息通信研究院、工业互联网产业联盟、中国邮电器材集团有限公司联合承办的“2021 工业互联网网络创新大会”揭幕，首批《时间敏感网络产业链名录计划产品测试证书》在本次大会正式颁发，摩莎凭借突破性产品 TSN-G5008 以及坚持在 TSN 领域的积累与探索，获得编号 001 的首张证书，由中国信息通信研究院副院长胡坚波亲自为摩莎颁发（图 3-1）。

摩莎积极参与 TSN 相关标准制定，如工厂自动化相关的标准文件 IEEE 60802、轨道交通相关的下一代列车标准 shift to Rail、OPC UA FLC 等，也正在与中国的科研院所和

时间敏感网络产业链名录计划
TSN industry chain directory program
测试证书
CERTIFICATE

单位名称：摩莎科技（上海）有限公司
产品类型：交换机
产品型号：TSN-G5008
软件版本：V2.0Build2020-0629-1903

兹证明摩莎科技（上海）有限公司TSN-G5008型号交换机参与“时间敏感网络产业链名录计划”交换机类产品评测（测试报告编号：HY-21-B50296），依据《YD/T1099-2013 以太交换机技术要求》、《IEEE std 802.1Q-2018》等技术要求，通过协议遵从性（时间同步、门控调度）、功能及性能三个维度的评测，特颁发此证。

https://tsn.caict.ac.cn。

证书编号：NO.202109TSN-0001　　颁发时间：2021年09月28日

图 3-1　001 号测试证书

高校合作定制国家的TSN相关标准。

同时，摩莎同样致力于推动TSN技术落地，除了在中国与信通院、AII联盟的测试，还参与了全球五大TSN测试床（如欧洲LNI 4.0，美国&欧洲IIC等）的系统性测试，已经具备领先的性能和兼容性（图3-2）。

图3-2 TSN-G5008全千兆TSN交换机

2021年，摩莎的TSN技术开始应用到一条最新建设的地铁线综合承载一体化平台当中。此项目将原本独立的多个子系统集成在一张网中，采用TSN骨干网，借助TSN时间敏感网络协议，即使所有子系统同在一张网、在PIS、CCTV网大数据量并发的情况下，也不会影响到关键的控制网络，如TCMS及信号的传输。同时因为TSN能精准与时间同步，可以更实时地传输关键控制数据，即通过TSN骨干网才真正实现了大带宽、低延时的数据传输。

全球工业已经进入万物互联时代，毫无疑问，TSN是改善物联网互联效率的最佳途径，那么TSN会在工业互联网领域一统天下吗？

CE China主编老石（石林才）和B&R老宋（贝加莱市场经理宋华振）有过一场刨根问底式的对话，其中最后一个问题是，如果未来一旦TSN在各个领域都普及了，是不是就是实现了所谓的工业物联网、万物互联？老宋的回答很有参考意义："这个倒是值得期待，TSN正是致力于此。不过，万物是否一定是被TSN互联，那也未必，因为这个世界有太多的技术，就像刚才提到的5G，人类因为多样性才有意思，也因为有未知才值得探索，TSN能不能实现万物互联并不重要，它只是一个技术，不用赋予它那么重大的意义，就像比尔·盖茨所说，‘我们总是高估在一年或者两年中能够做到的，而低估五年或者十年中能够做到的。’短期看TSN似乎还没有到要广泛应用的阶段，但长期来说，TSN在汽车、工业互联网领域将具有统治性地位，不过它的最佳搭档是OPC UA（下一代的工业自动化标准），这两者的配合可能会在工业领域一统天下。”

“当然，在工业世界里，价值的创造不仅仅依赖网络技术，还依赖于对客户价值的追求，包括软件的应用价值、人的创造力，没有这些，TSN发挥不了什么，它只是一个实现我们价值创造过程的工具。对工业企业而言，价值仍旧来自为客户解决问题的能力，而TSN会帮助我们。”

用“新”定义未来

挑战即机会，在工业互联网这个重要性堪比工业革命的历史机遇面前，摩莎公司已开始在原有积累基础之上大力创新工业互联相关技术，力争抓住未来5～10年的爆发期，发展新兴手段作为工业企业智能化升级的催化剂，参与推动中国工业企业迈向“万物互联、万物可控”。

2021年3月26日，经法国国际检验局(Bureau Veritas)检测和审查，摩莎获得由安全认证组织IEC EE签发的IEC 62443-4-1网络安全标准认证，成为全球首批获得IEC 62443-4-1认证的公司之一。

2021年12月8日，《控制工程（中文版）》（Control Engineering China，CEC）第十七届年度最佳产品评选结束，摩莎的EDR-G9010系列产品荣获工业安全大类的最佳产品奖（图3-3）。

传统的工业系统相对封闭，与外网的信息交互需求低，在信息安全方面考虑较少。而在工业互联网、IT与OT加速融合的大趋势下，工业系统与外网的交互变得必要和频繁，同时工业系统又事关国计民生甚至国家安全。近十年来，海外有关大型工业系统被恶意攻击而造成不可估量损失的事件都还历历在目，这就给新形势下的工业信息安全提出了新的要求。

摩莎的经验和技术积累来自传统工业，应该说在IT领域称不上专家，但正是基于原有的积累，基于对工业系统的理解，基于对工业互联下各类新挑战的敏感，摩莎才能够与多个专业企业合作，先行一步推出更“懂”工业的信息安全产品（图3-4）。

图3-3 EDR-G9010系列工业安全路由器

图3-4 IEF-G9010系列工业入侵防御系统（IPS）设备

2021 年 3 月 19 日，中国制造数字化服务峰会（2021 CAIMRS）暨年度评选颁奖盛典正式落下帷幕，在峰会同期的第十九届自动化及数字化年度评选中，摩莎 MDS-G4000 系列导轨式模块化网管型工业以太网交换机荣获工业互联创新奖（图 3-5）。3 月 26 日，在 e-works 举办的“2021（第十届）中国智能制造高峰论坛暨第十八届中国智能制造岁末盘点颁奖典礼”中，摩莎获“2020 中国智能工厂解决方案杰出供应商奖”。12 月 8 日，“世界智能制造大会”论坛在南京举办，由摩莎工业通信网络整体解决方案支持的多氟多乘用车电池智能车间入选“2021 世界智能制造十大科技进展”。

智能制造是国家制造强国战略的方向，摩莎同样投入极大的资源在参与和推动企业的数字化转型，并用实践说话：无论是产品创新，还是已经参与的上百个国家级智能制造试点项目，摩莎都有信心帮助企业让智能制造照进现实。

当前，中国数字高速公路建设在交通管控技术、物联网以及云技术的推动和政策引导下发展迅猛，浙江衢黄高速正是其中落地应用的代表。

图 3-5 MDS-G4000 系列三层全千兆模块化网管型工业以太网交换机

浙江省作为全国范围内第一个大规模实施数字高速升级改造的省份，总公路里程近 12 万千米，其中高速公路 5 000 多千米，具有数量大、里程长的特点。恰逢“十四五”开局，浙江交通集团以此为契机发布了《高速公路隧道运营管理三年专项提升实施方案》。“我们先期投入 1 600 万元，打造实体隧道试验场。预计今年将完成初步阶段建设，”浙江省交通集团高速公路衢州管理中心吴小刚表示。能够设立如此高定位的规划目标，浙江衢黄段高速贡献了不少前期实践的经验。

浙江衢黄高速公路自 2011 年运营至今，视频监控系统已无法满足监控中心及路段交警部门日常的运营管理，以及处理应急、异常事件等需求。更重要一点，监控网络未进行隔离，需要通过改造使三网隔离，从而减少不同系统间的影响，并防止其他业务对监控业务网络造成影响或攻击，更好地保证监控系统正常运行。“近年来整个浙江省的高速基建都做得风风火火，在信息化建设方面投入非常多。我们刚好处于新老技术交替的阶段，做得比较多的就是通信改造。一张交换网络上要承载所有的业务，既要求能保证运行稳定又要可靠，还要够大。”吴小刚解释。同时，因为原有的监控网与网管平台无法交互，因此实现集中的网络管理成为衢黄高速改造项目的重要任务。

摩莎为衢黄高速升级了原有网络，并通过创新的 MXview 网管软件平台和 MRC 远程运维套件帮助部署了可视化管理系统，实质性地提升了集中管理与远程运维的效率（图 3-6）。“摩莎不仅解决了我们多年的遗留问题，也为我们的改造工程提供了很多建设性的建议，吴小刚说到，帮助我们更好地提升高速服务体验。”

图 3-6 摩莎远程连接套件，实现安全远程访问的远程连接管理平台

打造“赢未来”的底气，除了创新的技术与产品，摩莎还特别关注到“人”的角度。

2021 中国大学生机械工程创新创意大赛——第四届智能制造赛，于 2021 年 11 月 5 日在中国（上海）自由贸易试验区临港新片区园满落下帷幕。作为国家级专业赛事，智能制造大赛旨在推动智能制造先进理念传播及技术应用，为智能制造人才积蓄力量，提升智能制造领域的创新能力。摩莎受邀成为本次比赛承办方之一，参与赛事活动并提供相应服务与支持（图 3-7）。此次比赛共吸引了来自 105 所高校的 1 023 名学生参加。

本届赛事以智能产线为依托，从实际工业应用场景出发，综合考察选手应用数字化、网络化、智能化等新技术，解决智能生产的复杂问题的能力及创新能力。摩莎作为合作伙伴，参与了赛题制定与评审，并在决赛现场为获奖选手颁奖，同时为组委会捐赠 100 套（712 台）工业网络联网设备，用实际行动践行培养“新时代工程师”的承诺。

图 3-7 摩莎受邀承办第四届智能制造大赛

第4章
图说摩莎中国

世界上一切资源都可能枯竭，只有一种资源可以生生不息，那就是文化。

——任正非（华为技术有限公司主要创始人兼总裁）

摩莎中国公司国内项目案例

图 4-1 世界最长跨海大桥——港珠澳大桥
图片来源：视觉中国 *https://www.vcg.com/creative/1185174342*

“港珠澳大桥是目前世界上最长的跨海大桥，是实实在在的世纪工程。很荣幸能有机会参与这个项目中的网络设备部分。经过重重筛选，摩莎产品和方案最终通过由珠海、澳门、香港三方政府建设方代表的严苛评估，被一致认定选用。特别值得自豪的是，在 2019 年 16 级超级台风‘山竹’正面袭击港珠澳大桥时，摩莎的网络交换机没有出任何状况，全桥的监控网络一如既往地稳定可靠，为最终成功抗击台风提供了宝贵的实时数据参考。”

——销售部马工

图 4-2 全球最强高铁——具有完全自主知识产权的中国标准动车组复兴号
图片来源：视觉中国 *https://www.vcg.com/creative/1314410122*

据国铁集团消息，复兴号系列是国铁集团、铁科院联合中车集团推出的全自主化高铁，运行时速 350 千米，至今保持全球最高速商业运营的铁路。相比和谐号，复兴号不仅全面升级，还具有完全的知识产权，是我国又一重大科创成果。

“复兴号系列浓缩了中国铁路几代人的智慧和心血，是打破欧美技术垄断的里程碑，也是新一代国家名片。高速列车的应用对相关产品的安全性、稳定性、可靠性要求极高，摩莎产品在牵引系统子系统中经过验证，完全可以适用于不同速度等级的车型。同时，我们也为能参与中国轨道交通顶级的 Made in China 方案倍感自豪。”

——轨交行业曹工

图 4-3 中国首条自主化全自动运行城市轨交线——北京地铁燕房线
图片来源：视觉中国 https://www.vcg.com/creative/1318390002

据新华网消息称，北京地铁燕房线是中国首条自主研发的全自动运行轨交线路，2017 年年底开通运营，2019 年年底实现最高等级的全自动运行，2021 年实现无人值守的全自动运营。

“感谢客户的信任，给与摩莎机会参与这样激动人心的项目。摩莎提供的无线 AP、交换机、工业电脑等产品在燕房线信号系统中起着重要作用，我们也尽最大努力对得起这样的信任，并不断学习和自身升级，期待未来能与客户一起继续参与更多国家科技创新的工作，跟上产业升级的又一个发展高潮。”

——轨交行业杨工

图 4-4 北京大兴国际机场
图片来源：视觉中国 *https://www.vcg.com/creative/1226775764*

“北京大兴机场作为全球面积第三大的机场，被英国《卫报》2015 年评为“现代世界七大奇迹”之首，摩莎产品应用在飞行区供电系统中，提供产品包括主干网交换机、视频网交换机、开闭站环网交换机、子站接入环网交换机等，为打造稳定、可靠、安全的飞行区供电系统提供了关键保障。同时，在机场跑道防异物（FOD）入侵系统中也有摩莎的远程 I/O 设备在为系统提供支撑。不仅如此，摩莎还参与了机场地铁线 TIAS 系统的建设，三层交换机和嵌入式计算机的大量应用有力保障了机场客运。”

——销售部郭工

图 4-5 改造建设中的城市综合管廊
图片来源：视觉中国 https://www.vcg.com/creative/812211802

“作为城市的生命线，中国地下综合管廊的建设相比发达国家算是起步较晚的，但起点很高，在国家加强城市基础建设方针的指导下，其高集成度和大空间、网络化的规划，以及安全性、信息化的设计已经开始面向未来，也对摩莎产品的适用性提出了新的挑战。在平潭、白银、哈尔滨、黄石等多个城市，摩莎交换机及无线 AP 产品应用在综合管廊环控、安防等多个子系统中，很高兴我们经受住了这样的考验。”

——销售部高工

图 4-6 全球第一艘获权威认证的智能化船舶——大智号
图片来源：视觉中国 https://www.vcg.com/creative/1074495617

从“世界第一造船大国”向“世界第一造船强国”转变，是中船人共同的梦想。而“智能化”将是中国船舶工业“弯道超车”的机会。没有任何经验可以借鉴，中船人硬是凭着自主研发、艰苦奋斗，花了不到四年时间让“大智号”横空出世，站在了全球智能化船舶的金字塔尖。（引自中国船舶报）

“摩莎产品应用于大智号的智能航行系统，包括工业电脑、串口通信、安全路由器等。回顾与客户一同工作的过程，我们获益良多，不仅再次打磨了自身的专业，也感受到中国造船强国梦的感召，感受到这种自强精神的传承格外动人。”

——产品部潘工

图 4-7 全球最大的自动化码头——上海洋山港
图片来源：视觉中国 https://www.vcg.com/creative/1257146160

“自动化码头、港口的建设不仅大幅提升了工作效率和品质，同时为作业人员的健康与安全提供了坚实的保障，其中包含着深切的人文关怀，这是摩莎愿意持续投入和耕耘港口码头行业的重要原因。摩莎交换机、转换器、协议网关等多个系列、型号的产品已经在洋山港成为标准配置。”

——大客户部杨工

图 4-8 厦门城市夜景
图片来源：视觉中国 https://www.vcg.com/creative/816879170

“迎接金砖国家领导人会议的厦门城市夜景集中控制工程是我工作经历中印象最深刻的记忆之一。作为设备供应商，摩莎通常不会过多参与到整个工程的实施细节中。但在这个项目中，摩莎的产品是首次承接此类应用，同时又是如此大的规模，我们和客户都没有太多的经验。特别感谢客户的信任，我们深度参与了包括软件优化、图纸设计、机柜生产测试、现场勘查测试、培训客户等工作，在三个月左右的时间里我们大约爬了800 多栋大楼。这个项目不仅证明了摩莎远程 I/O 产品的品质，更是在践行摩莎以客为尊、彻底执行的理念。”

——技术部王工

摩莎中国公司海外项目案例

图 4-9 飞驰而过的美国波士顿红线地铁列车
图片来源：视觉中国 https://www.vcg.com/creative/1043480798

“波士顿地铁是中国轨道车辆企业进入美国市场的第一个大项目，击败了传统欧美巨头，标志着美国市场对于中国轨道交通技术的认可。此项目搭载了当时最先进的车辆智能运维系统，最早中国企业曾跟一家国外厂商谈方案但面临技术封锁，为了摆脱卡脖子的困境，很多国内厂家一起进行方案设计，摩莎是其中一家，并提供了车地传输网关产品。在这之后，客户又带给了摩莎更多海外项目的合作机会。”

——轨交行业杨工

图 4-10 澳大利亚墨尔本地铁
图片来源：视觉中国 https://www.vcg.com/creative/1083761467

“跟随国家的大战略，中国越来越多的优秀民族企业已经在海外创出声誉。在中国企业承接的墨尔本地铁项目中，摩莎提供的工业电脑产品应用于 PIS 控制系统。摩莎会一如既往坚持创新、坚持品质、踏实服务，为我们的客户、为中国企业持续在海外开拓市场贡献自己的力量。”

——轨交行业杨工

图 4-11 泰国芭提雅变电站
图片来源：视觉中国 https://www.vcg.com/creative/1002154645

“中国企业在国外的传统电力市场核心系统中面对欧美企业的竞争，起步是很艰难的，摩莎也历经了这样的过程，坚持下来不容易。值得欣慰的是，随着国家整体实力的显著增强，中国企业与中国产品也凭借实力逐步在海外获得认可，在关系国计民生的基础设施领域内开创了自己的空间，也让摩莎在电力行业超过 30 年的积累有了更多的用武之地，例如为芭提雅变电站的综合监控系统提供交换机产品。”

——大客户部吕工

图 4-12 中国企业在海外建设的高等级自动化港口
图片来源：视觉中国 https://www.vcg.com/creative/1133742512

“我们的客户是全球业内最大、最领先的企业，来自中国。很荣幸在面对海外项目的竞争时客户依然信任我们，选择摩莎产品。每当在国外港口镜头中不经意地看到中国企业的标识，尽管这样的镜头其实是越来越多，我们还是忍不住为中国企业骄傲，也为摩莎中国骄傲。”

——大客户部杨工

第 5 章
公司是员工的

我们要做一家属于所有员工的公司，每个员工都是公司的合伙人。他们在这里感受到幸福，经过很长时间以后，他们会给这个公司带来更多的反哺，让公司变得越来越好。

——徐正义

一个企业的"理想国"

从 1987 年成立到现在超过 30 年时间，摩莎前后推出了三代产品，从第一代产品串口通信设备，到 1996 年开始推出第二代产品以太网交换机系列，再到 2006 年推出第三代产品——工业电脑、无线 AP、工业远程 I/O、协议网关等，摩莎基本上保持每 10 年推出一代产品的节奏往前推进，跟其他领域相比，速度简直慢得像蜗牛一样。当然，这样粗略的代际划分并不十分准确，事实上每一代产品都在不断地推陈出新，每一款产品也都经过不断打磨，持续优化升级，同时，通过不断创新让自身产品有更多的专利加身，走在技术的前沿。

单就串口设备和串口卡来说，到现在已经超过 30 年，很多工业现场仍然在使用摩莎的第一代产品，其品质可见一斑。

30 多年来，摩莎有太多理念、价值观、企业文化等软实力并不为外人所知，是实实在在的隐形冠军。

用摩莎经销商的话来说：摩莎有些文化和理念简直到了"反人性"的地步，但这恰恰是它最迷人之处，不敢说摩莎已经是一家伟大的公司，但它确实是一家非常有自己特质的公司，它跟我们见到的任何一家公司都不一样。而且，很难被模仿。

众所周知，中国民营企业员工的流动性很高，尤其是科技互联网行业，哪怕公司薪水越来越高，员工跳槽依然愈发频繁。公司员工平均工作年限极短，短则几个月，长则三四年，超过5年的员工非常少见。

几年前，一份中国互联网公司工龄排行榜在社交媒体走红。排行榜上显示：员工工龄长度排在前三名的居然是三大运营商——中国移动、中国联通、中国电信，平均工龄也只在4.1年以上。当然，这个统计包含了大量的年轻人，势必拉低了平均工龄。

但摩莎中国员工的平均工龄普遍超过10年，甚至很多员工工龄超过20年。

摩莎是他的第一份工作，也可能是最后一份工作。摩莎员工的忠诚度为什么这么高？摩莎到底有何魔力？

世间万事万物都在变化。摩莎成立30多年来，也在变化中“开疆拓土”、进军全球，但唯一不变的是创始团队的信念和理想。按照徐正义的构想，他立志做一家属于所有员工的公司，每个员工都是公司的合伙人。他们在这里感受到幸福，经过很长时间以后，他们会给这个公司带来更多的“反哺”，让这个公司变得越来越好。

但要形成良性循环，需要非常长的时间跨度，很少有人能真正以那么长的眼光来看待这件事。有些公司甚至连能不能再坚持活几年都不知道，何谈未来？“连（林）信琪都说，徐正义是他这辈子最崇拜的人。”蔡中兴说，“徐正义是一个技术天才、管理经营天才，非常坚持自己的信念和理想，是一个不折不扣的理想主义者，他身体力行、并找到一群人，把这个信念和理想践行下去。”

逆潮而行

当今中国，几乎所有行业都强调资本和扩张，尤其是最具活跃度的互联网新贵，一年融资几十亿元、上百亿元，攻城略地的故事每天都在上演。

有人将融资能力强的企业称为“天派”，而将闷头做事的企业称为“地派”。相比之下，摩莎是典型的“地派”，超级低调。

如果融资上市，公司会被资本裹挟、推动，资本要收购，你就必须收购；资本让你转型，你就必须转型；资本让你扩张，你就必须扩张。资本进来以后，公司营业额今年是 50 亿元，明年就得 60 亿元，大后年 100 亿元……而且，融资上市后，股东的利益变为第一，或者说，其实是资本的利益第一。这跟徐正义的理想完全背道而驰，徐正义想要的是，在公司里员工利益永远都是第一。若要保持员工利益第一，就不能融资上市。

关于摩莎闷头做事的风格，行业团队李经理举了个例子。在工业互联网的趋势下，公司这几年一直努力在软件上有所突破，正处在资源积累的阶段。换成其他公司，如果不缺钱，照当下流行的玩法可以直接收购一家软件公司，或者，至少可以买市面上成熟的软件产品来贴牌。但是摩莎首先会考虑，买来之后，软件的更新、售后、内容以及在软件完整的生命周期内，自己的资源能不能跟得上做配套，是不是真的懂。

“我已经谈好了，对方同意我们把他们的软件买来贴摩莎的标、整合成摩莎的产品卖出去，结果总部说买可以，但不能贴摩莎的商标，因为不是我的东西。那东西做得再好还是人家的，我可以买，但我会说清楚这个东西不是我的，我没能力对这个东西做技术支持。”李经理说。这其实跟摩莎的经营理念完全吻合，摩莎的核心价值观十六字里，第一条就是诚信正直，对员工来说是这样，对企业来说也是这样。为了这事，李经理甚至还跟总部争执：贴个商标这件事有那么严重吗？

摩莎想快速扩张其实很容易，一种是可以扩展工业联网通信之外的不同产业，几十年来这样的风口并不少；另一种是走收购或代工贴牌来迅速扩充产品版图的捷径。但摩莎宁愿自己搞明白，老老实实花个两三年时间做出来，然后才会放心地贴上自己的商标推向市场。

可以说这是聚焦、专注。也有不好听的说法，说这是固执，反应速度变慢了。在摩莎所专注的领域，一个全新产品的推出其实是要花很多时间的，这需要足够多的积累和足够长的时间来验证，很多欧美大厂和日本企业的同类产品更新同样很慢，但在当下的氛围里，我们看到不少公司推出新产品往往快到按月计算。相比之下，摩莎是按年计算。

还有个有趣的例子，摩莎中国公司直到 2017 年才在上海总部置业，之前都是租赁的方式。众所周知，过去二十年买楼、买地无疑是中国一线城市最好的投资，而摩莎总部的管理者多年来却从不接受任何纯粹以“赚钱”为目的的地产投资申请，甚至不予讨论。而以“投资国内主场、给员工信心和归属感”为申请主旨，买楼的项目却被迅速获批。

当下这个时代，以不少互联网公司为代表，“狼性”和“加班”

变成打工者绕不过去的两大命题。激烈的内部竞争和按比例末位淘汰制，“996”甚至“007”，似乎已经成为业内通行的潜规则。但摩莎从不强调“狼性”。

摩莎设立了一系列的制度来保证内部合作，强调团队一致性，个人英雄主义在这里不受推崇。员工个人之间、部门与部门之间，都有制度保证，不会有利益冲突，也有相应的规则来确保责权分明，这就在制度上保证了只要参与合作就有回报。

摩莎总部的 HR（人力资源）总监说过一件事，有一天碰到徐正义，徐正义就问：“大家工作的终极目的是什么？”有的人说为家庭, 有的人说为挣钱, 为成就自己……徐正义听了半天,没有听到自己想要的答案，就说：“你从来没想过你干这个工作 happy 不 happy，难道 happy 不是最重要的吗？”

是的，人们往往会把自己最容易回答的问题忽略掉。作为一个普通工作者，是为了实现自我，或者是为家庭更好，答案本身都没错，但这些答案多多少少是经过包装的，真正的答案其实就是我很开心。我很好，家庭很好，大家都挺好，自己很开心。

这个最朴素的理念就是摩莎文化和制度设计的根源。从创始人徐正义开始，摩莎的管理团队基于这样的认知，设计了方方面面的细节，并把这些细节贯彻实施下去，希望触达每个摩莎同仁。

不折不扣地执行劳动法在摩莎是最基本的原则。除此之外，摩莎弹性考勤、尊重休假权，也不鼓励加班。工作氛围的宽松、开放，是摩莎特别关注的方面。摩莎相信每个人都愿意在工作上做最大的努力，并展现最高的工作热忱，期待每个人的努力都源自内心，而不需要通过特别的条款来管制。

我们接触过摩莎中国公司里的很多员工，也曾身处摩莎中国的工作环境亲自体验。在摩莎我们明显感受到一种气场：摩莎人普遍都呈现出一种在心态上很放松、同时在精神上很积极的状态，这二者并不矛盾。每个人都很忙，而且下班之后还有很多人在公司工作着，但很容易就能体会到他们投入在其中的自觉和快乐。外界常有的担心，特别是对宽松氛围下员工努力程度的担心，在摩莎已经不需要过多考虑了。

这或许是一种魔力。摩莎人打造的这种宽松、友善的氛围，加上长期坚持践行“诚信正直、相互尊重”的核心价值观，在公司内部形成了一种魔力，经过足够长时间的发酵和沉淀，反而大大强化了员工的自主性，激发了员工内心对工作更高的追求。

步步高、OPPO、VIVO 的幕后老板，著名企业家段永平有句话说得非常好：狼性文化最终会输给人性文化。

有时一件小事就可以看出摩莎对员工的友善。

摩莎中国公司进门右侧是后勤区域，年轻女员工喜欢盲盒，把盲盒一个个竖在自己的位置上面欣赏，粗略数了一下，七八十只。一般来说，老板看到自己的员工那么痴迷卡通盲盒，难免会觉得影响工作，但是摩莎不会。

因为疫情原因，蔡中兴从隔离酒店回来，一看到这些卡通盲盒就走上去说：“怎么这么可爱。”蔡中兴觉得特别棒，说：“既然大家那么喜欢盲盒，我们正好有一些活动，是不是可以把盲盒也放进去，送盲盒？”对于同仁的爱好，蔡中兴非常支持和尊重。

有趣的是，后来有一个客户跑过来，参观完公司，实在忍不住了跑过来问：“我也想要买这样的盲盒，哪里可以买？太治愈了。”

总经理办公室在哪

2017 年秋天，摩莎总部拨款近 2 亿元给摩莎中国，在上海成熟区域购买了一整层写字楼，总面积近 3 000 平方米。室外还有一两千平方米的露台，视野非常开阔。这次事件一度被所有人认定为是当年摩莎中国的高光时刻。

摩莎作为一个慢得像蜗牛一样的企业，非常专注、聚焦，从不做跨领域的生意，更不将买房置地当作快钱生意。“如果你跟公司说，买写字楼是很赚钱的，对不起，公司完全不考虑。但换个角度，我们是加大市场投资、是在传递信心，公司立刻同意，”负责新办公地项目的小组成员说，“这标志着摩莎真的把中国市场作为主场来看待。”超过 20 年的积累，摩莎已经有信心在中国安家。

买写字楼首先要选房，这一件事，就足足花了小半年时间。公司领导层考虑最多的问题是新地址对员工的出行影响有多大。

在上海，出行的时间成本是件很大的事，林信琪特别交代项目小组：“每个人的交通方式都要了解清楚，以前上班需要多长时间，新地点上班需要多长时间。搬家这件事情必须把交通受影响的人数降到最低。” 这是第一个考虑点。第二是写字楼本身的品质如何，“是不是 5A 级写字楼”。第三是周围配套，“要有地方吃饭、有地方买东西，要有成熟的社区方便租房”。

最后，参考以上三个标准，摩莎中国选在中庚创意中心T3（图 5-1）。

这个写字楼品质非常好，配套成熟，交通便利。附近是上海地铁 1 号线莲花路站，“有个细节吸引了我们，从地铁站里出来就是一个架空长廊，直线距离不到 1 千米，直接通到 T3 写字楼，全程有顶棚，即使下雨天也完全淋不到一滴雨。这样小的细节都会影响我们的选择”，项目小组回忆说。

2019 年春节过后，摩莎中国搬家到中庚创意中心 T3 写字楼开始办公。开始几天，所有人都觉得新鲜、兴奋，拍照发朋友圈，结果很多人在朋友圈问：你们公司招不招人？

整层写字楼基本上一分为二，北侧是连成一片的办公区，全部做成了格子间。这些工位实际上都是特制尺寸的，比标准工位舒适度高很多。包括总经理在内，所有人都在格子间办公，任何职级的管理层都没有独立办公室。只是形式上，主管、经理、总监、总经理等管理层会安排在格子间靠后的位置办公，主要目的也是为了方便沟通，坐到中间或前面都感觉不是很方便。

图 5-1 摩莎上海公司接待区

等到搬进去坐下来，项目组成员才发现自己失误了：总经理的工位位置正对着男士洗手间。这太尴尬了，项目组提出给蔡中兴调换位置，蔡中兴说不需要。最后，又请装修公司，在男士洗手间门口加装了两块磨砂玻璃。

除了办公区，采光最好的南侧和东西两侧超过一半面积全部做成了公共区域：餐厅、阅览室、休息区、舞蹈室、健身房、母婴室、衣柜、电话间及洽谈室（图 5-2 ～图 5-6）。

图 5-2 办公区一角

图 5-3 公司餐厅

图 5-4 公司健身房

图 5-5 公司读书角

图 5-6 公司舞蹈练功房

这样的设计，一是遵循总部的要求：把最好的位置留给员工，还有一点就是让大家在感觉上完全平等，没有阶层感。在摩莎，外来人能看出谁年龄大，但很难感觉到谁职位高。而且，公司里所有人都是直呼名字或英文名，不仅是摩莎内部同仁，连摩莎的经销商、甚至熟悉点的客户，跟摩莎打交道也都是“中兴”“信琪”这样叫着，越叫越顺嘴。

对此，HR 的员工感受颇深：“摩莎是在潜移默化中拉近主管和员工之间的距离，有什么事情回个头，就可以直接跟老板对话，不需要再多出一个地方或空间，公司宁愿把这些空间留给员工。”

说起平等，就职摩莎中国行业部门的迈克更是深有感触。

2012 年，迈克第一次参加公司组织的台湾环岛骑行，行程 1 000 千米，9 天 9 夜，非常考验人的意志力。迈克第一个到达位于台湾垦丁的正义农场，筋疲力尽地把自行车往旁边一靠，一屁股坐在台阶上休息。不远处有个人，看上去是个普通的农民，穿着朴素，整个人又黑又瘦，卷着裤腿赤着脚站在农田里，他看到迈克，就走过来递了一杯水说：“喝杯水吧。”迈克有点意外地说：“谢谢”。

等队员们都到了，大家主动围坐在农民四周。迈克有点纳闷，忍不住问领队，才知道眼前的这位“农民”就是摩莎的创始人徐正义。

三个和尚也能挑好水

中国有句俗话叫：一个和尚挑水喝，两个和尚抬水喝，三个和尚没水喝。这个道理用在摩莎身上并不适用。摩莎在集团层面没有选择个人“独裁”式的管理方式，而是追求开放性、相信集体的智慧，在摩莎看来，三个和尚也能挑好水。

当然，三个和尚是一种统称，实际上，摩莎集团在不同时期，是人数不等的管理小组。集体管理的初衷主要基于两点：第一是每个人的精力都是有限的，专业的人做专业的事；第二点，信任是授权的基础。集体管理的核心就是充分授权给具体的负责人，摩莎认为，在你负责的范畴内，他信任你可以做出对的决策，于是给予充分授权。

集体管理在总部是看得见的制度，但在摩莎中国是一个看不见的制度。摩莎中国采用的是总经理制，理论上来说，所有事情总经理一个人说了算。但总经理不会了解所有事情的细节，当然也很难在所有的事情上都足够专业。怎么办呢？总经理授权主管们做决定，有些事情可能让他知道就好，如果需要他审批，他就以邮件方式或者 OA 上面确认一下就好了。以大部分公司老板抓的最紧的“钱”为例，摩莎中国的很多主管都有不同权限的审批权，而事实上除非是影响预算的较大金额，日常业务中大部分有关“钱”的审批比如预支、报销等等都不需要到总经理层级。同样，大部分协议合同文件也并不需要总经理批阅签字，都是责任主管在把关。

所以，这是一个看不见的集体管理：权责主管基于信任被充分授权，而主管依据这样的信任，反而更加谨慎和负责。

如果能用一个模型来表述权责与分工，摩莎人的通用语言是 ARCI 模型，即：

Accountable 当责人（负全责）

Responsible 责任人（所属部分责任）

Consulted 顾问（顾问、指导，双向沟通）

Informed 知情（通知、同步信息，单向沟通）

70% 利润分享给员工

在摩莎，我们所能遇到最夸张的事情就是，随便拉一个员工一问，就已经在摩莎工作 10 年。甚至自 2013 年开始，通过农场计划留下来的员工，到现在也已经快 10 年工龄。

2013 年，摩莎总部获评怡安翰威特最佳雇主奖（2016 年再次获奖）。这是公众对摩莎最大的肯定。摩莎集团总裁林信琪在领奖时特别谈到摩莎企业文化中根本的一点——摩莎公司希望为员工营造成一个“不舍得离开”的地方。

当然，这源自摩莎创立之初的信念和理想：立志做一家属于所有员工的公司，每个员工都是公司的合伙人。但是，单靠信念和理想是不能支撑一个企业长久发展运营的，它更需要把每一个细节落实到实际的行动上。在公司制度上，摩莎有两项政策持续至今：其一，摩莎员工的整体薪资是比照行业标准前 25% 的目标执行；其二，在薪资之外，摩莎公司的员工享有额外的激励政策。初创期是 E 股分红计划，后来更改为长期激励计划。整体来说，公司几乎是每年都拿出 70% 的公司及股东利润做到真正的利润共享，分给所有认真负责、努力付出的在职员工。

摩莎会定期通过有公信力的第三方机构做一项调查：在本领域内取定位于高科技公司样本作为标准，摩莎的整体福利水平不能低于调查标准的前 25%，低于这个标准，可能会有员工因为薪资问题被挖走，这是摩莎不愿接受的。

摩莎的核心理念是以人为本。

自从 2020 年年初爆发新冠疫情，摩莎所有员工就全部居家办公，不用到公司上班。随着疫情得到控制，各个行业从 3 月起就陆续开业。摩莎中国的开业时间最晚，在六月初。“我们跟幼儿园一起开工。幼儿园什么时候开学，我们就什么时候开始上班。”HR 的小玩笑表达的意思是，幼儿园可以上学，说明疫情充分得到控制，环境安全了，公司可以开工了。

疫情刚开始，在总经理蔡中兴的提议下，公司行政就牵头成立疫情小组，小组成员包括 HR 和大区经理及大部门的主管，每周两次线上会议汇总所有员工的最新动态。公司不鼓励提前返程，同时 HR 会负责跟员工家属保持电话沟通，让家属放心，让员工安心在家。无房员工从外地回来，如果有合租人员来自疫区，公司还会考虑出资帮助员工短租新的公寓。

2020 年疫情初期超过半年时间，摩莎中国所有员工居家期间的薪资、绩效奖金等均正常发放，甚至每年例行的加薪也照常进行，不受影响。

相信很多公司都做不到这一点。当然这首先需要公司有一个健康的财务状况。摩莎认为越善待员工，员工就会越努力，公司财务状况就会越好。他们坚信这终究会形成一个良性循环，只要眼光足够长远。摩莎从不只看眼前的利益，它看的是 10 年、20 年以后。

不只是公司有这样坚定的信念，几乎所有摩莎员工都有这样的信念，他们不怕眼下出现任何波折起伏。

蔡中兴在谈到摩莎的额外激励政策时很感慨：对公司来说，

要保证持续有激励，对利润的增长就必须要有比较高的要求。但是，以2020年疫情年为例，摩莎整体的利润其实是负增长的，但还是坚持在原本的薪资奖金福利之外发放奖励，这个额外的现金支出负担其实非常重，换一家公司是很难做到的。

无论是以前的E股计划还是如今的长期激励计划，能够被设计出来的起源正是“创造一家属于员工的公司”。公司希望所有员工在公司有幸福感，有归属感，愿意留下来，最终会给公司回报。公司通过激励政策将公司70%的利润分给员工，来真正践行自己的理念。

压力不是动力的唯一源泉

2020年，我们参观一个互联网公司，这个互联网公司的副总裁为我们介绍项目时谈到他们公司的“狼性”文化，谈到他们的KPI（Key Performence Indicator，关键绩效指挥考核）考核，其中有个细节是，他们的KPI指标定得很高，所有员工无一例外都无法完成，这样员工就会更努力，而公司也就不需要支付奖金提成，省掉大笔支出，会有更好的财务数据。

我们无法判断，一个不可能完成的指标带来的压力能够让员工做出怎样的努力，也不能否认任何一项政策都会有一定的有效性。今天的市场蓬勃多样，无论是高指标考核还是按比例淘汰等压力政策，都早已成为众多公司的常设制度。

相比之下，摩莎大有不同。摩莎制订KPI最重要的原则是：符合公司整体策略目标并可量化，具有一定挑战性。在具体分解到部门和员工个人时，最终敲定的KPI基本都可以看到完成的希望，并有配套资源和解决方案支撑。用摩莎自己的话说就是：努力跳一跳脚，有可能够得到。

据我们了解，摩莎公司中团队和员工的 KPI 指标实际上都具备相当高的合理性，所谓高合理性，就是既符合公司整体的发展要求，又符合当事人的能力和资源配套，同时也要基于市场与竞争的现实状况，并且很重要的是，也能得到当事人的认可和接受——这一点非常重要，一个被当事人抵触的指标真不知道有多高的概率能被完成。

合理的指标设定，意味着业务人员的业绩奖金有了基本的保证，不至于天差地远。独特的是，摩莎的业绩奖金是月结且可保留，不是扣除制。所谓保留制，极端的例子是，假设某业务人员 1 ～ 11 月份每个月都没完成当月指标的设定比例，则前 11 个月都没奖金，但他 12 月份达成很高，能够补上前面的缺口，这样 12 月份就能够领取全年的业绩奖金。这样的操作，无疑让业务同仁少了很多压力、有了更多的缓冲，能用更长的周期来规划自己的业务。

有一年，在林信琪兼任摩莎中国总经理时期，“（林）信琪突然找我，当时我团队里面有一个人，连续 4 个月没有拿到奖金，他问我为什么？是有什么困难吗？是不是资源或能力跟不上？还是碰到了什么不可抗力的因素？”摩莎华东区域经理说。林信琪不希望这样的事情出现，如果数字定得虚高，可以考虑重新进行调整。摩莎希望设计的 KPI 能让员工至少能看得到完成的希望，而不是让他为这个事情产生巨大的心理压力。

如果是能力不足，摩莎会给这个员工进行一些专项培训。如果是特质不适合现在的岗位，摩莎可以考虑给这位员工调整到新的岗位。总之，公司不会简单粗暴地因为没有完成业绩或完成度排名落后而辞退员工。

作为销售型公司，业务人员拿到了订单，理应得到提成。摩莎也是一样，不过不同的是，摩莎更强调团队协作，尽力避免恶性竞争，并为此做了特别的设计。比如某员工属于上海区域的销售，在上海接了一个地铁项目，需要地铁行业团队的同事一起帮忙。换成别的公司可能最终会由双方分享提成，甚至可能会出现两边抢项目的情况。摩莎不是，只要双方合作赢得项目，两边的提成都是 100%，假设这个案子是 100 万元，则各按照 100 万元业绩计算提成。对公司来说，这明显是一个“赔本”的生意，相当于一个订单支付了 200% 的业绩提成。当然，同一项目只能重复一次，也只可以在不同职能的团队间重复计算。

这个制度背后的逻辑其实很简单：鼓励参与、避免恶性竞争、发挥团队更大战力。

2020 年，疫情原因导致摩莎中国的当年营业额略持平于上一年。除此之外，摩莎中国二十多年的历史当中，几乎每一年都能做到双位数的成长率。这个成长率单独看起来并不起眼，但是结合二十多年的连续性就相当可观和难得了。在摩莎，事实上同仁的努力程度已经无需担心，也不追求高压，需要的是给员工成长的空间与时间，期待员工们的原动力能来自内心的追求。

一切制度的设计都可以回溯到那个创建企业理想国的原点。体会“属于员工的公司”的内涵，看到未改的初心，我们就不难理解摩莎创造的历史。

回馈社会，人人参与

有一段话被写入摩莎的企业章程：我们协助把时间与心力贡献给公司的员工，了解并找到他们个人工作的意义，进而能尽力发挥他们的潜能，创造独特的价值，然后我们以集体的力量，一起回馈社会。

2021 年 7 月，河南郑州暴雨成灾。看到新闻后，摩莎的工程师第一时间开发了一套捐款系统，以邮件的形式将二维码发到每一个员工的公司信箱里，告诉大家：河南发大水，急缺皮划艇冲锋舟，摩莎决定由北京分公司购买一批并送到当地，如果有同事自愿捐款，将统一由摩莎集中管理和使用。

这个捐款有别于其他捐款，开发时考虑到很多细节因素。首先，公司只是提供捐款方式，采取自愿原则，并不强制执行；第二，员工随心意捐款，不限金额，后台不统计人名及金额明细；第三，捐款时间只开放 6 个小时，截至下午 4 点，过了时间系统会停止运行，不再接受任何捐款。两个小时后，摩莎中国百名员工一共捐款 4 万多元，摩莎中国公司另外补贴了同等金额，然后将所有资金汇总，转账给摩莎北京分公司。第二天下午，摩莎捐赠的冲锋舟和皮划艇送达郑州。

在摩莎的价值观里，公益慈善从来都不是单纯的公司行为，而是更加鼓励每个人参与其中，共同构建公益慈善的洪流。吴东煜曾介绍过，回馈社会、做公益，大多数人考虑的就是捐款，或者更单纯地由公司出面捐款，而摩莎不是的。

在上海宝山的民工子弟学校，多年来一届又一届的小学生认识和记住了摩莎的哥哥姐姐、叔叔阿姨们。摩莎中国将他们的公益慈善活动取名为“书香营”（图 5-7）。

经学校安排，摩莎员工到学校里给孩子们上课，了解动物与植物、认识星空和大海，陪伴他们读书，然后把自行购买的书捐给学校。他们默默付出，自发自愿甚至秘密地进行。每个员工都生怕暴露自己的真实身份，给自己取了各种有趣的花名。让人感动的是，他们去学校里给小朋友上课，时隔一年，小朋友已经从三年级跳到四年级，居然还记得：啊，你是猴子哥哥，你是池塘哥哥。

学校校长也说，小朋友们最期待的就是星期五这天，摩莎中国的哥哥姐姐们会来学校给大家上课，课程非常生动、有趣。为了这场生动有趣的课程，摩莎中国的员工需要提前一个月准

图 5-7 摩莎上海公司“书香营”公益活动

备教案、教材。说是上课，但大家更强调的定位是陪伴。

2020年新冠疫情最严重的时候，摩莎中国的所有员工都不能出门，为了能继续陪伴小朋友读书，吴东煜和同事们索性在网上举办了一个读书会。同年，摩莎携手四川省青少年发展基金会，用行动改善孩子们的阅读环境，为偏远学校建立希望工程图书室，给学生们提供品种更多、内容更齐全的书籍。

摩莎中国的公益理念传承自总部。2003年，摩莎总部出资成立“心源基金会”，由同仁或同仁的眷属担任义工，落实“以人为本，从心出发”的理念，结合爱心与资源，以带动科技、人文的互动，回馈社会。

台湾素有“蝴蝶王国”的美誉，基金会首先开展的活动是推动校园蝴蝶生态教育，通过捐建蝴蝶园，种植蜜源植物，培训教师并提供教材、食草和蝴蝶幼虫给学生饲养，让小学生们在了解蝴蝶生态的过程中，认识到环境对生物的重要性，培养关怀和维护生态环境的观念（图5-8，图5-9）。

图5-8 摩莎集团总部捐建的蝴蝶园之一

fig.5-9 小朋友的蝴蝶主题创作

2004年，继生态教育后基金会开辟了另一个计划——“送书香到校园”，期待通过摩莎义工与学校携手合作，启发孩子对阅读的兴趣，进而对阅读产生热爱，为孩子开启一扇通往未来世界的窗。这也是摩莎“书香营”公益活动的台湾版本。

2008年基金会开启慈辉圆梦计划，进军到特殊中学，关注一群家庭不健全而正值青春期的孩子们，希望能由摩莎同仁的长期陪伴与关怀，协助弱势的他们肯定自己的价值，让他们对未来怀抱希望。

摩莎公益是我们看到过的最独特的企业公益行为，它更注重每个人的参与和真正的用心投入，同时注重多年如一日的坚持。这背后有非常多感人的小故事，温暖且历久弥新。

第6章
陪你长大

教育培训是现代经济社会大背景下的“杀手锏”，谁拥有它谁就预示着成功，只有傻瓜或自愿把自己的企业推向悬崖峭壁的人，才会对教育培训置若罔闻。

——松下幸之助（日本松下电器创始人）

培训的成本很贵，但不培训的成本更贵

随便问一名在摩莎中国有8年以上资历的员工，对方都回答不出自己在公司内外一共接受过多少课程培训，只能笑笑说：“反正很多。”

2021年，摩莎中国公司特意挑选了三位资深主管，送他们参加知名的“ATD培训大师认证课程”，最终三位都通过考核拿到了认证证书，意味着他们有资格和能力为摩莎中国的员工设计和完成培训课程。这不仅是考虑到疫情可能还会持续，安排公司外的集体课程或是请外部的讲师来公司上课都变得很不方便，更重要的原因是，摩莎极其重视人员的发展，并将学习作为发展的重要手段，摩莎中国需要培养更适合自己的内部讲师，需要不仅专业过硬而且真的会讲课的人员储备。

“差不多有十年了，在延安饭店天天熬夜的那个星期还是记忆犹新，”其中一位刚刚拿到培训大师证书的主管说，“我们这一帮有经验的人晚上聚在一起熬夜做作业，白天上课、做报告、做展示，还动不动就被挑出一大堆问题，感觉回到了学

生时代。”将摩莎业务人员的思维科学化、知识和经验系统化，是摩莎中国最早选择的切入点。

让吴东煜印象最深的是，前几年一个有着四五年经验的销售刚入职摩莎不久，主管考虑到需要培训一下他的产品知识，就让他参加摩莎中国正在进行的农场计划，与一群刚出校门的毕业生做同学。这名同事现在在南京办事处任职，后来他跟吴东煜说：“第一个星期上完课，我差一点就打算甩手走了。这次培训颠覆了我所有的东西，按照我以前的销售经验，怎么讲怎么错，我好像什么都不会了，这几年销售白干了，压力非常大。不过好在我及时调整心态，心想，也许我需要抛弃原来的东西，才能学到新的东西。现在回过头来看，确实感觉自己变化很大、进步很大。”

在销售培训方面，摩莎有个很特别的地方：非销售职能的员工，包括售前售后工程师、行销、订单甚至财务等岗位也需要酌情参加销售课程。摩莎的解释是：销售是最直接面对客户、获取订单的工作，整个销售体系是环环相扣的，让其他部门了解销售在做什么、会碰到哪些挑战，彼此之间再做沟通对话的时候就更容易理解，从而更好地协作。

日常的产品技术、行业应用培训几乎能覆盖每个月，摩莎的工程师和技术人员们总是在第一时间将最新鲜的内容整理出来，邀请相关的同事参加线下或线上的分享、学习、讨论。

除了销售方面和产品技术方面，针对摩莎中国的主管们的课程也同样进行过很多，并持续更新和进阶：“情境领导”“M2沟通”……只要是能让主管们更好地帮助团队成员成长，摩莎不计成本。

“培训的成本很贵，但不培训的成本更贵。不知道第二点的企业走不远”（段永平语）。摩莎不仅在打造能留住人才的社区，还尽我所能地帮助每个人都不断成长。每个人的成长之和，就是摩莎的成长。

人生第一份工作，也是最后一份

摩莎在创建一个“不舍得离开的地方”，早期的摩莎人，就是这个公司的 DNA，他们寻找的是具有同样价值观、或者说是有使命感的人。

谈到爱彼迎（AirBed and Breakfast，Airbnb）招聘第一个员工时的感受，创始人布莱恩 · 切斯基（Brain Chesky）说：“我们公司找的第一个员工是一个工程师，我们找他找了 4 ～ 5 个月，核心价值观写了 6 个月。你找的第一个工程师，就像给你的公司开始输入 DNA，这个人，这种感觉，就像，如果公司成功，那么公司中就会有 1 000 个像他或者她这样的人。”而这个 DNA 决定了公司的未来和制度文化。

对蔡中兴来说，摩莎是他的第一份工作，也是最后一份工作。对于梁国政同样如此。和蔡中兴的工作轨迹非常相似：梁国政出生在台湾，也是大学毕业后，服了两年兵役，进入摩莎开始人生第一份工作，然后再也没有离开过。

只不过，梁国政比蔡中兴晚两年，算是蔡中兴的师弟。入职当年（1998 年），摩莎的年营业额已经比两年前翻了好几倍。入职摩莎前，梁国政已经拿到霍尼韦尔的 offer，这可是世界级别的大公司。但最后梁国政还是选择了摩莎。原因有两个：一是自己没有经验，需要从头学起；二是摩莎公司的 HR 非常热情。

梁国政对摩莎的第一个印象就是从人开始，他说：“我可以不记得这家公司的名字，但我唯独记得这个 HR 让人很感动，仅仅通知面试就给我打了 3 个电话。”

梁国政把自己在摩莎工作的 23 年时间划分为三个阶段：

第一阶段，1998—2000 年；

第二阶段，2001—2008 年；

第三阶段，2008 年至今。

第一阶段的两年时间，梁国政都在做技术，写了三个月代码，发现自己写不出来。下个月是不是领不到薪水了？自己是不是要被公司开掉了？梁国政忧心忡忡。但梁国政的师傅说，没关系，刚进公司都是这样子。师傅特别有耐心地指导他，直到他完全放松下来。

这两年时间是很好的积累。从刚开始不知道怎么编程，搞不清楚什么是串口，到 8 个月之后，跟业务经理汇报串口设备的基础知识，简直吓得全身是汗。非常用心地准备了一个月，结果发现讲解时，业务经理睡着了。梁国政觉得非常沮丧，告诉师傅，师傅安慰他说没关系，他们做销售大概也不懂技术在干什么，正常的。梁国政说：“可我下礼拜要去客户那边 100 多人的场子里讲。”师傅说：“你尽力就好。”

工作上的问题跟师傅学，生活上的问题会有公司安排的小天使。这两股力量的帮助下，加上公司给予充分的时间和空间，梁国政终于成为一名成熟的技术人员。在离开技术部门之前，有一天总经理突然拿着产品进来说：“国政你过来，这个客户有问题你赶快问一下什么情况。”跟客户聊完，总经理要求梁国政第二天一早就陪同客户去现场，争取把问题解决掉。后来问题全部处理完成，客户非常感动，跟梁国政说：“我就只是买了摩莎几台产品，你们还能提供这样的服务，让我非常感动。”

梁国政心里暗想：这个公司不但对员工很用心，对客户也非常用心。我好像应该留在这个公司里继续工作。

两年后，梁国政转做销售。技术和销售是两个完全不同的工种，一静一动，这对梁国政来说，又是一次非常大的挣扎和考验。很长一段时间，梁国政都在反复思考同一个问题：这个工作到底适不适合我。每当这时，团队里的同事就跟梁国政讲：“团队里又不只是你一个人，怕什么呢？有什么问题大家一起面对，总有办法解决。”

但现实真的很残酷，梁国政第一单业务就遇到了非常棘手的问题。当时，和摩莎同一年成立的几家公司都已经飞速发展，成为全球知名的集团公司，如研华科技、台积电。梁国政面对的正是自己新拓展的大客户台积电。

台积电用了摩莎四五千套产品，棘手的是，整批产品都遇到了问题。梁国政很纠结，到底要不要告诉客户真实情况，告诉客户了会不会被骂得很惨？他请教负责技术的主管同事，同事说：“我们错了那就去认错。”同事陪梁国政一起去认错，面对台积电很多厂长的质询，感觉空气都凝固了。同事负责道歉，拼命道歉，并且给出解决方案和解决时间。陪梁国政前往台积电道歉的这个同事，现在已经成为摩莎公司的董事。

这件事情给梁国政最大的感触是，他不是一个人做销售，而是一个团队在做销售。还有就是，客户并非无理取闹，也没有得理不饶人。经过半年的努力，问题得到解决，客户的态度有了很大转变，甚至后来给了梁国政一个更大的单子。

梁国政说，做技术的人都很清楚，我们不可能设计出一个完美的产品，但重要的是你的态度和解决方案。这次经历这也让他感觉到销售工作其实还挺有趣的，摩莎的产品真的是在解决客户的问题。

到了第三个阶段，梁国政仍然在做销售，但角色又有不同。这个阶段，梁国政主要做的是行业销售规划，协助销售人员去推动这个市场。梁国政适应了很长一段时间，总是适应不了，做出的行业规划，总是被销售部门反复质疑。整整两年时间，梁国政压力非常大，感觉自己一下子被打回原形，过去所有积累都派不上用场。“如果产品卖不进市场，就表示过去的语言需要做转换，过去的知识要做更新，那你愿不愿意重新开始？”

有一次，梁国政在国家电网公司开会，刚讲 10 分钟对方就直接说：“不用讲了，请出去，下一个。”看来必须要一切从零开始了，梁国政开始学习竞争者怎么说，到客户现场去了解客户的应用到底是什么，充分了解这个行业，慢慢成为这个行业里的半个专家。

这一干就是 8 年，梁国政经历了冶金、煤矿、电力等行业团队工作。期间，梁国政还被公司调去欧洲做了 4 年的轨道交通项目。2017 年，梁国政任职摩莎中国销售总监。

经过这三个阶段、三个职务的转换，梁国政再回来看某个工作的时候，视角已经截然不同。有时候不是只有从业务的角度思考，还要从服务的角度，从行业的角度来思考，协助团队更快地发现问题、解决问题。如果说工作第一个阶段有师傅带，第二个阶段有同事帮忙，那么，第三个阶段就要带领整个销售团队，为公司留下星星之火。

“不出意外，摩莎是我第一份工作，也是我最后一份工作了。”梁国政一脸笑眯眯地说。

“毕业后，我留在摩莎”

2013年，当时兼任摩莎中国总经理的集团总裁林信琪提议，摩莎中国启动农场计划。农场计划顾名思义，就是把刚出校门的应届毕业生当作小树苗一样，放在公司这个农场里，经过浇水、灌溉、施肥，慢慢成长起来。

这个计划的启动背景并不是因为公司当前有人力缺口，而是像足球青训营一样，建立摩莎中国长远发展的人才梯队。

吴东煜可能是摩莎中国员工中对农场计划最有感触和发言权的人之一。2013年毕业季，摩莎中国正式推出农场计划，吴东煜担任总教练。

到2019年，农场计划每年都在进行，招入的人数不等，多的时候超过10人，也可能只有3、4人。前几个月都是培训，包括产品、技术、行业、案例等，也有销售、演讲、答辩等业务能力的训练，期间伴随考核，有些人没经过全部考核就主动选择了放弃，觉得难度太大了。最终留下来的人，公司会根据初步的综合评判并结合个人意愿，确定留在哪个部门，不合适可以调。部门主管必须完成的一项任务就是把这些农场计划毕业的新人带出来。公司HR会为每个新人配两个师傅：生活小天使和学习小天使，通常是团队资深成员或主管，这让新人在一开始就被关怀包围，不会觉得陌生或手足无措，能更快融入整个团队。

“农场计划每年要占用我们半年时间，”吴东煜说，“所有评委和讲师都是出于义务，没有任何考核或报酬，都是不计回报全身心去做这件事。”而在HR看来，半年时间已经算短的了，实际上以摩莎的标准，从零开始培养一个新人到可以独立“战斗”、为公司做贡献，至少需要三年时间。培训的半年时间里，新人不需要背业绩，薪资一分不少全额发放。

从2013年开始至2019年，农场计划留到今天的人不到总培训人数的20%。但最后留下来的人，现在回过头来看，都是公司的中流砥柱，每个人的能力都很强，忠诚度也很高，甚至有的已经在带团队。毕竟，两个月的技术培训，加上4个月的业务培训，能坚持下来就已经很优秀。

不是每个公司都有这样的耐心，愿意花这样的成本。有时候，大家会问：公司推行农场计划，不计成本地培养大学毕业生到底值不值得？这需要多大的投入？投入和产出能成正比么？

农场计划也是一种传承。从根本上说，是为了企业的永续发展，逐级建立人才梯队。这必然要求公司一定要有更多对的人加入。如何去找对的人？一种是社会招聘，一种是自己培养，摩莎的农场计划显然是选择了后者，自己培养对的人。

至于投入和产出是否成正比，到底划不划算，这不是摩莎关注的重点。留下一个对的人，未来的发展就多一份力量，多两个对的人就多两份力量。从某种程度上来说，摩莎不是一个会算账的公司。即使培养的人才离开公司，也是摩莎对社会尽的一份责任。

“公司会包容你，允许你去犯一些错误，也给你空间去做一些尝试，”已经是摩莎中国产品经理的农场学员曾这样说过，

“在学校里面会有很多假想，比如要跟领导搞好关系之类的，到这里之后发现跟我的想象中不太一样，你就实事求是地做事、开放地去接受新东西就好了。公司内部是很正向的模式，没有内耗，每个人都是平等的，包括公司总经理，大家一起办公，一起进步。”

不能只谈生意

自创立之始，摩莎在全球范围内采取的销售策略就都是区域授权，不做直营。

渠道部经理吴东煜的理解是，只有本地人才更熟悉本地的生意。她在华南区、华东区、华北区都待过，能明显感觉到，每个区域文化不同，导致各地的商业思维模式都不太一样，习惯做法也不太一样。所以，摩莎要用本地的力量服务好本地市场。

摩莎中国目前拥有十多家授权经销商，经销商参与销售的整个流程并负责全部的商务环节。在这些经销商中，大部分与摩莎的合作都开始于摩莎刚进入中国市场的前几年，这意味着彼此的陪伴已经有二十年左右了。

是的，陪伴，这是我们对摩莎与经销商关系的最贴切的感受。摩莎中国与经销商之间的互信和情感积累，体现在每一个日常的互动当中。

作为摩莎中国的渠道部，其中一个当然的职责必定是渠道的管理与建设。多年来摩莎已经建立了一套完善的管理与考核体系，确保在“生意”层面的顺利开展。但无论是集团总裁林信琪还是摩莎中国总经理蔡中兴，都一直在提醒：要想办法让经销商自己也不断发展提升，跟上摩莎的步伐。

2011 年，摩莎内部开始制定为期 3 年的商业计划——ABP（Annual Business Plan），该计划每年修订更新，不断循环。运行 3 年并彻底领会后，2014 年起摩莎将 ABP 推广至经销商。作为经销商，他们当然以销售为终极指标，更多精力是放在具体的执行层面，落实到每一个细节中。但是摩莎不能完全如此，摩莎必须看到宏观的、未来的部分，必须具备超前的格局和视野，以发展的眼光审视市场。

作为摩莎最亲密无间的合作伙伴，摩莎不希望经销商跟不上公司发展的节奏，甚至出现脱节，“3 年计划的制定就是要让他们能与摩莎保持同步、同频”，吴东煜介绍说。以此为目标，摩莎中国花大力气给各大经销商进行培训，并要求每个经销商开始制定各自公司的 ABP 三年计划。

没有 ABP 的时候，摩莎跟经销商的沟通状态基本是：摩莎分享、经销商聆听。至于有无结果，不清楚。只要经销商认定摩莎是有未来的，他不需要有顾虑，只需要跟随就好了。

万事开头难。经销商 ABP 计划推行了两三年时间才一点点见效，摩莎会与经销商一起进行定期的回顾、讨论和建议，他们渐渐能够真正理解这个理念，各自制定的 ABP 计划也开始逐渐成形。摩莎和经销商从具体行动的对话、市场层面的对话，逐渐过渡到讨论组织、讨论未来。ABP 带给经销商最大的改变是，可以和摩莎同频沟通、平等对话，并由此形成双方合作的核心理念——共同进步。

除了 ABP 的分享，摩莎还将自身内部的很多核心课程免费分享给经销商。比如针对销售岗位的销售管理课程，如果选择外部第三方培训，每人的费用基本都会超过万元人民币，而摩莎的经销商可以享受摩莎资深讲师的免费上门培训与指导，同时也会分享所有的课件与工具。

“三天时间安排得很紧凑，第一天是理论课程，当天晚上是有功课的，后面安排偏实践的内容，”吴东煜说，“十几家经销商分批上课培训，讲师每次至少要在外面待两个星期时间。”

“培训课最怕的就是上课的时候很兴奋，上完课该干啥干啥，又回到原来的思路上面去。”所以在完成培训后，摩莎会将自己内部培训考核的评分机制分享给经销商，并跟经销商老板一起对培训员工考核打分。对于比赛的获奖者，摩莎还会奖励。

这样的培训课程每年进行 1 ～ 2 次，每次都会有新鲜的内容加入。当然，不只是针对销售，还有针对其他方面的分享，比如摩莎中国持续多年 MTSC 活动，即技术支持培训及考核，每年集中举行，每次持续三天左右，安排各系列新品的技术讲解课程与实操，并通过考试的方式为经销商的技术人员颁发证书。

除了 ABP 计划和前面提到的课程，摩莎每年给经销商进行的培训可谓是全方位的，包括行业知识和案例学习等，加上每年一度的经销商峰会、技术研讨会，真正把共同进步落到实处。

第 7 章
科技人的娱乐主义

人们塑造组织，而组织成型后就换为组织塑造我们了。

——丘吉尔（英国前首相）

最充实的两周

每年的 1 月（通常在春节前）和 8 月，摩莎中国都分别有整整一个星期的行事历在前一年的年底就被预订下来，1 月是尾牙周，8 月是目标营周，均要求全员参加。

特意安排在春节前的尾牙周，顾名思义是围绕年会的主题，着眼点在辞旧迎新。这一周的重头戏有三个：启动会（Kickoff Meeting）、培训、尾牙。和很多公司一样，Kickoff Meeting 由各部门领导通过主题演讲的方式跟大家同步上一年的成果和新一年的工作目标与计划。这里强调的是“同步”而不是“汇报”，是希望通过这样的方式，能让每个人都了解本部门以外的其他人是如何思考策略并执行计划的，是一个互通有无的过程。

这一周总计会安排三天左右的培训，说法是“培训”，其实没有那么严肃，会有多场主题不同的学习活动安排，可能是新品发布、行业趋势分析、案例讨论；也可能是针对专项能力的课程与训练，比如销售、合作、沟通、法律、管理相关等，师资来源内、外部均有，员工们可以有选择地参加。

当然，既然是尾牙周，压轴大戏必须是周五的年会晚宴了。晚宴一般都脱不开表演、抽奖、颁奖的大框架，但摩莎的重视度和投入度是让每个新进员工都咂舌的。提前 8 个月左右，一般在上一年的4月份，为下一个年会而设的尾牙小组即完成组团。先确定整体方案，包括预算、主题设计、流程和节目框架等，还要尽早签订合适的场地并谈好搭建厂商。耗时最长的无疑是节目的编排，之所以这么早成立尾牙小组，很重要的原因是摩莎总裁林信琪坚持对晚宴表演要求“专业”，一方面摩莎的理念一直就有“work hard, play hard”这一条，另一方面恐怕跟林信琪本人被称为“十项全能”、其中歌舞恰好是强项之一是分不开的。

图 7-1　2017 年公司尾牙晚宴现场

2017 年，摩莎中国公司尾牙主题是“海贼王”，灵感来自同名连载漫画（图 7-1）。“整个现场就是海贼王的场景再现，所有演员都被专业的服饰和化妆塑造成真正角色的样子，甚至所有观众也都精心准备了相应的元素装扮自己。每个段落的表演都有小的主题，让大家在少年时代的回忆和现场真实的还原中体会到梦想、伙伴、决心和爱的关键词，”尾牙小组长回忆说，“全场的沉浸感太棒了，没想到海贼王的粉丝那么多。”

每个舞蹈都请到了参与过大型综艺的专业老师来设计和排练，包括分公司的节目。因为很多同事经常出差，其实也会出现直到最后两个月还有个别人没好好排练过的现象。需要凑时间，追进度，还要保证最终“专业”的呈现效果，尾牙小组不仅自己累，还会把所有参与者都逼得重视起来。

摩莎尾牙的传统是，晚宴第一个节目都是由总经理携资深主管来呈现，同样是经过专业指导和长时间排练的。这是对全体员工辛苦整年的一种感谢，是摩莎公司管理层对自己的要求。

每年 8 月份，所有人的日程都被同时排满的一周——目标营又来了，这也是除尾牙周之外另一个可以齐聚全体员工于上海的机会。“目标”的含义是三年目标和计划，简称 ABP，有点像国家的五年计划。2011 年，摩莎总部发起 ABP 计划，并迅速分解到每个子公司、每个部门、每个员工。以公司某个部门为例，遵循公司整体的愿景和目标，设定部门的愿景与目标，再规划这三年每一步要做什么，怎么做。为了愿景和目标的达成，部门现有的策略、资源、组织等需要做哪些提升或改进……当然，三年计划不是制定下来就一成不变的，每年都会修正，滚动向前。

没做这个规划前，对于公司未来会变成什么样子、整体是怎样在前进，不是每一个员工都足够清楚。有了 ABP，部门主管会根据 ABP 的计划和节点，与每位员工讨论个人的发展，让每位员工自己也能意识到，自己能为公司的未来做哪些贡献、自身需要哪些完善，以及自己三年后会是什么样子。

初期, ABP 只是部门主管以上的领导层参与制定, 随后不久,这一计划推行到每个员工身上。“刚开始我们也很焦虑，不知道 ABP 该怎么做，不知道自己设定的目标能不能达成，”吴东煜说，“任务分解下来，部门所有员工一起讨论，大家就会发现自己未来是什么样子, 或者说三年后能达到什么位置和状态,有了目标和希望，自然就有了奋斗的动力，对公司发展和个人发展也看得更清晰了。”无论从公司层面，还是从个人层面，ABP 都是一剂良药。

ABP 的报告会议在这一周只占一天，当然，在此之前需要所有人长时间的思考讨论。目标营周还有被固定下来的两天，分别是运动会和团建。

运动会都是租用大学的体育场地，常设项目一般为短跑接力、篮球、羽毛球、足球、乒乓球等，全体同仁被分成两个大组展开对抗（图 7-2，图 7-3）。为保证比赛的激烈程度，队员分组都是员工俱乐部根据每个人的特长平均分配，这也导致比赛平局屡现、加赛频繁。好玩的是，在篮球场和足球场上，摩莎领导们可能会成为被“欺负”的对象，毕竟年纪大一点，身体多少有点吃亏，我们尊敬的总裁林信琪先生就曾连续好几年因参加摩莎中国篮球赛、足球赛被年轻人冲撞而受伤，以至于有一年的运动会前夕，大家问起他的参赛目标时，林信琪无奈地表示：不受伤。

图 7-2 运动会掠影（1）

图 7-3 运动会掠影（2）

目标营这一周，第一天通常会用来做团建，原因是年会过后，很久都没有全体聚在一起了，团建是个很好的融合机会。摩莎的团建不会太上纲上线或定式化，可能会比较烧脑，也可能比较挑战体力，但核心还是创造机会让大家聚在一起，通过彼此协作来加深感情。

这一周还可能设计一些不一样的活动，比如“开放空间工作坊”，全体同仁在一个大空间内畅所欲言，经专业引导师的帮助逐渐收集出多个主题自由讨论，最终形成一些行动建议和目标，有共识的部分总经理会当场核准。摩莎总部也有类似的活动，有一次，某子公司因为研发人员比重大，有人当场提出会议太多影响工作，结果在会议之中很快就形成一个决议：任何人在每周固定时间内都不得要求这些研发人员参加会议，有事情找公司经理协商；即使收到会议通知或邀约，他们也可以直接拒绝。基于摩莎开放平等的氛围和致力打造的诚信正直的文化，畅所欲言、敢于表达成为摩莎人共有的特质。

实权实干部门

通常认为，摩莎最有实权的必定是总经理；了解摩莎的人非常清楚，摩莎还有个“实权实干部门”——员工俱乐部。有点像其他公司的工会，但又不完全一样。

员工俱乐部又被摩莎中国内部的人称为 10 人小组，俱乐部成员来自不同部门和分公司，通常 10 人左右，包含员工俱乐部主席、部长和小组成员。俱乐部常设 3 个部门：生活娱乐部、文艺欣赏部、健康促进部，每个部门 1 名部长和 2 名干事。包括员工俱乐部主席在内的所有成员都只参加一届，第二年员工俱乐部会全部换人。

生活娱乐部负责员工每年 1 ～ 3 次的旅游活动、节日活动及生日关怀等；文艺欣赏主要安排欣赏话剧、演出、展会等相关内容；健康促进主要针对平时的健身活动和一年一度的公司运动会等运动类项目设计。员工俱乐部有分配预算、合理使用经费的决定权。但公司有一条明确的规定：不强迫但是鼓励大家参加集体活动，如果不参加，个人相应的福利预算只能享受50%，一半由公司捐给爱心机构（近几年都是捐给儿童基金会，用于儿童助学和医疗），剩下一半以其他福利的方式发放到员工手里，比如电影储值卡等。

从管理者的角度来看，员工俱乐部的设计不仅可以让员工有参与感、归属感，同时还是一个让人去锻炼和发展的舞台。

“被推荐为员工俱乐部主席的人，或许并不资深，但从我们的角度来说，希望这种经历能帮助他发展，这也是我们观察他的一个方式。”蔡中兴说。员工俱乐部的主席本身未必是主管，未必有那么大的影响力，员工俱乐部其他成员更是以年轻人为主，他们在一年的时间里要带领全体同仁完成很多精心设计的活动，是需要打磨无数细节的，是在工作内容之外难得的历练经历。

摩莎总裁林信琪特别谈到过：摩莎非常注重人与人之间的联结，无论是社团、俱乐部还是其他很多活动，根本上都是为了帮助员工能有工作之外的机会产生联结、加深了解，从而建立更好的互信。

一个代号为“W”的行动

2019 年夏天，员工俱乐部组织上海、北京、深圳、成都、南京等分公司的同事相聚莫干山。

这次活动的主题是 WE——我们，意思是我们永远在一起，而且设计出 W 的手势。在员工俱乐部的策划构想里，WE 有三个层面的含义：

第一，我们是一家人、一个大家庭；

第二，我们是 every one，温暖到每一个人；

第三，W 正好是两个 V，就是双胜利的意思，那我们不仅要在工作中胜利，还要在让大家更融合方面取得胜利。

其实在活动规划初期，公司总经理蔡中兴和 HR 部门还是有些顾虑，毕竟以前各分公司分别活动人数少，活动的设计和内容更容易贴近员工期待。于是员工俱乐部在公司内部做了调研，征求每个人的意见，结果大家纷纷表示支持，还提出很多小建议，员工俱乐部最后结合大家的意见，确定了这个代号“W”的活动行程。

第一天是团建活动，主题目标是“融合”。上午的活动灵感来自当时流行的“奔跑吧，兄弟”，地点选在莫干山，设计了 5 个任务型活动。下午是皮划艇比赛，速度赛和趣味赛交替进行，有不少人还是第一次接触皮划艇。

谁也没想到重头戏是在比赛结束之后。教练展示了一张示意图，要求所有人划着自己的艇、艇尖接触成圆，拍一张航拍集体照。对这些基本没什么皮划艇经历的人来说，划到比较精确的位置然后一边半躺下仰看无人机，一边还要控制好艇身位置，是一件要做了才知道多难的事，当时教练的嗓子都喊哑了。前后大概花了一个半小时，50 多条双人皮划艇犬牙交错，最终拼成一个巨大的同心圆。大家都觉得很辛苦，腰酸胳膊疼，直到看到照片之前，大家都只是觉得辛苦，加一点好玩而已。

晚宴时，员工俱乐部在宴会厅的大屏幕上展示这一天所有的活动照片，当出现那张由皮划艇组成的彩色圆形时，所有同仁都情不自禁地鼓掌，发出惊讶的赞叹声，几乎所有人都在这一瞬间被感动，为见证自己努力达成的目标而自豪，一切辛苦都烟消云散。这张图后来多次作为公司会议活动的背景图，甚至有些员工把这张照片作为社交账号的头像（图 7-4）。

下午的辛苦和照片的兴奋点让晚宴意犹未尽，员工俱乐部临时加了几个小活动，效果出奇地好。有一个是取材热门综艺的活动，游戏规则是，台上有 10 个人，一个人要说出一件自己做过的真实的事，如果别人没有做过，就得一分。通过这个小游戏，大家发现很多伙伴好像不是自己认识的那个人——比如

图 7-4 2019 年团建航拍

有同事高考数学满分，全场震惊；有人骑摩托游历了整个中国；还有业余摄影师，给上千美女做过街拍，居然还有易经大师擅长堪舆和分金定穴，台下从头到尾可以说是惊叫不断。

还有个小游戏，请一些同仁在隐秘处用家乡话读一段文字，让参与者去竞猜声音的主人。原本以为是很简单的游戏却意外连连：有的主管听不出自己下属的声音，有的对只隔一个工位的女声也猜错，甚至有平均每天都需要通几十分钟电话的彼此竟然也猜不出对方，活动的过程让所有人都跌破了眼镜。

这些小活动得到大家非常热烈的响应，不仅极其贴近"融合"的主题，还让晚宴高潮不断。

第二天是单纯的游玩安排，过程中已经明显感受到和以往的气氛有些不同。"以往可能我跟这个同事熟一点，就只跟他走在一起。可现在我又跟一起做过活动的小伙伴熟悉啦，然后还了解了很多伙伴的另一面，发现每个人其实都很有趣，我们就有更多人开始走在一起，聊好玩的小话题。通过一天的融合，到了第二天，大家都有了非常放松的游玩心态"，员工俱乐部成员有点自得地说。

家庭日

在员工俱乐部的工作中，每年都有一个非常重要的固定活动——家庭日。

每年暑假，公司会邀请全体员工携家属，或者父母、孩子，或者亲密爱人前来参加家庭日的活动。家庭日每年都有不同的策划，比如有一年是大家一起去海洋公园玩。

2019年，公司刚搬家到新的写字楼，于是选在公司内举办家庭日。这一天，会议室变成KTV包厢，洽谈室做成智力拼图间，篮球机、娃娃机、电竞、制作棉花糖的机器……所有设备都被搬到公司里来。当然，更多的空间做成了儿童乐园：巨大的海洋池，好多台跳舞机，公司随处可见卡通的指路牌，往这边是跳舞街区、那边是游戏机等。

“所有孩子都玩疯了。”员工俱乐部的女员工说。有趣的是他们还安排总经理蔡中兴给大家做棉花糖。很多小朋友都排队候着，他们不知道蔡中兴是公司老板，只知道叫他蔡叔叔。有的小朋友说：蔡叔叔，你这个棉花糖做得太小了，你之前做给他的那个棉花糖就很大。还有的小朋友说：蔡叔叔，你做棉花糖怎么这么慢呀？……蔡中兴边在机器上卷棉花糖，一边嗯啊地回应着，急得直冒汗。毕竟不是专业师傅，做得确实慢一点，辛辛苦苦做好了，还被小朋友们嫌弃。

小朋友们童言无忌指责蔡叔叔时，有的家长就不好意思了，拉着小朋友说：别乱说，这是妈妈的老板。小朋友虽然不太懂，但还是跑过去跟蔡叔叔说：“不好意思，蔡叔叔，我妈妈说你是她的老板，你别介意哦。”

家庭日活动结束之后，不少家长发微信说：小孩子玩疯了，一直在问下一次活动是什么时候。这时候，组织者们就非常有成就感。

2021年夏天，家庭日的安排是上午在公司搞活动，下午去欢乐谷。每年家庭日，最开心的是公司员工带来的小朋友，而公司总经理蔡中兴都是最辛苦的人之一。这一年家庭日，员工俱乐部给蔡中兴的任务是在公司摆摊手工制作冰淇淋，店铺就叫"阿兴炒冰"（图 7-5）。

图 7-5 2021 家庭日（1）

最好玩的是，正当有的人在等冰淇淋，有的人在其他区域玩得热火朝天的时候，地板突然开始震动，沉重的脚步声越来越近，抬头一看，大家发现身高 2 米的变形金刚大黄蜂突然出现在众人面前。这下子公司现场炸了锅，有开心得尖叫的，也有吓坏了大哭的，还有四处逃窜的，胆大的小朋友跑上去抱着大黄蜂合影、聊天，很多家长也都开心地参与进来。胆小的孩子要么躲在父母身后，要么远远逃到别的房间，躲着不肯出来，还得想其他办法哄。当然，到了下午在欢乐谷的 NPC 角色游戏时，所有孩子和大人又都会重新乐在其中（图 7-6）。

图 7-6 2021 家庭日（2）

摩莎一直强调的是，有家人的支持和付出，员工才能安心工作。为表达感谢，摩莎人从来都不缺乏创意，更不嫌麻烦、不怕累。

摩莎的娱乐总动员

除了员工俱乐部，摩莎还成立了很多社团，目前在运行的有舞蹈社、瑜伽社、篮球社、羽毛球社、骑行社、摄影社等（图 7-7、图 7-8）。每个社团都有一个社长，和员工俱乐部一样，社长每年轮值一次。当然，社团并不是谁想申请就能申请下来的，正式获准成立之前会有一年的试运行考察期，考察通过，社团正式成立，同时获得公司预算拨款支持。

年初时，社长就要制定当年的计划，比如舞蹈课，有哪些课程，一年要开多少节课，然后找专业的舞蹈老师，费用需要多少，预算怎么分配。每个社团自己制定的预算都不同，从公司层面并不设限，但公司会审批预算的合理性。审批小组成员有 3 个人：摩莎中国的 HR、摩莎中国的总经理，以及摩莎总部专门负责文化建设的 HR。

“如果方案不合理，我们会给他们建议。”摩莎中国 HR 说。比如师资的建议、课程安排的建议、训练场地的建议，甚至包括一些很细节的层面，他们都会给出非常具体的建议。

摩莎中国的员工分散在多个分公司，实际上能够成规模的活动还是在上海总部比较多，毕竟占了摩莎中国全部人数的一半以上。比如篮球社巅峰时，成员超过 20 人，每周两次活动。社团多、活动多，意味着爱好广泛的同事可能会“忙不过来”，

图 7-7 骑行社活动

图 7-8 瑜伽社日常

同时参加 2 ～ 3 个社团基本就是极限了。事实上同时参加一个以上社团的人很多，篮球社的大男生就有不少人同时参加瑜伽社，想象一下还挺有喜感的，其实瑜伽社成立多年来还真的多次出现男多于女的情况。

公司里除了社团，还有兴趣小组。每年设计 8 ～ 10 个兴趣主题，全员自由报名，比如乐器、烹饪、插花、配音、戏剧、语言、游戏……林林总总五花八门，第二年又会换其他主题，创意总是无限的。

兴趣小组的活动不是作业，全靠个人兴趣，凭的是热爱，但要求小组有成果要在公司的月会上做公开展示、不限形式。结果谁都想不到这个展示能一下子“内卷”到现在这个程度，无论是什么主题，小组成员们都能交出一份大制作，动不动就像在看电影，越做越精彩。

2019 年，吴东煜报名参加了戏剧小组，最终做的展示堪称专业。

“我们在公司餐厅拉了一张幕布，直接现场上演莎士比亚戏剧《威尼斯商人》第四幕第一场，发生在法庭上的一幕，这是全剧的高潮，这场戏的戏剧冲突围绕夏洛克和安东尼奥就是否“割一磅肉”的契约纠纷展开……”

2021 年，戏精组的成员精心制作了阿加莎的《东方快车谋杀案》片段，小组成员自编近百页的剧本，并在浦江镇的一列火车中完成拍摄，最终呈现的是一段颇具悬疑感的电影（图 7-9）。

兴趣小组全凭热爱，像写剧本、对台词这类需要耗费大量业余时间的事情，不够热爱真的坚持不下来。

2020 年，读书兴趣小组拷贝了“读书等身”的挑战，在限定 100 天时间内，小组成员读的书摞起来要达到小组成员的最高身高——1.84 米。最后在公司月会现场展示，一本本地摞起来到 1.84 米的高度，怎么看都很壮观。

“2018 年 7 月份，公司还成立过游戏小组，打王者荣耀，

图 7-9 兴趣小组电影海报

到了汇报展示的时候，要找对手打一场 PK 赛，”吴东煜说，“游戏小组约好一个外地客户，双方连线打比赛，客户 5 个人，游戏小组 5 个人。”

打比赛的地方就在摩莎中国的培训教室，打开大屏幕投影，公司全体现场观赛，HR 的一个女员工做游戏主播实况解说，整个过程紧张激烈、热闹非凡，唯独总经理一脸迷茫。

还有，摩莎中国公司办公区内摆放的大型拼图、刺绣等装饰，都是兴趣小组的杰作。

万物都有因果。

吴东煜到现在都还记得，2004 年，即加入摩莎中国的第 4 年，第一次到台湾总部开会。摩莎的轮值总经理见到吴东煜后问的第一句话是：你进了摩莎之后有没有影响到你生活？这样的工作快不快乐？吴东煜觉得很惊讶，今天总经理不是应该来问业务发展情况的吗？

在台湾的整个行程结束后，行程的负责人最后一天问的问题是：该学习的有没有学习到？哪个部门请你们吃饭？都吃了哪些东西，好不好吃？周六周日有没有带你们出去玩？这次行程感受如何？总之，80% 的问题都是生活，而非工作。

他们后来跟吴东煜分享的创始人徐正义的理念：工作和生活是平衡的，工作是为了什么？不就是为了生活得更好吗？如果工作导致生活得反而不好了，你干嘛要工作？

可以想象，公司通过组织员工俱乐部、社团、兴趣小组等各种貌似“娱乐化”的设计，激发员工的活力，让大家开心快乐，取得工作和生活的平衡。在这个过程中，既锻炼了员工们的沟通协调能力，也增强了公司的凝聚力。

尼采说，人是桥梁，人不是那个目的地。企业文化归根结底是人的文化，是桥梁，而不是目的地。但问题来了：企业文化到底是什么？

“企业文化就是企业当中，所有发生过的故事的总和。”

“企业文化到底是什么，是真正的行动，你是如何行动的。”

“你会相信环境的伟大，走出去，都是同样价值观，都有非常厉害的做事情的能力，做人的标准。”

“企业文化不是 12345 的条例，而是沉浸式的体验，自己体验过，感知过，就会形成价值观的一种沉淀，你才会相信条例上的 12345。”

……

Airbnb 创始人 Brain 在斯坦福公开课的演讲中谈到公司的企业文化：它（企业文化）能够把人聚集到一起，紧紧围绕在公司重要核心价值观周围，企业文化提供了某种程度的稳定性，在你们遭遇滑坡时不至于跌落谷底，这种文化也促成了信任感的产生，让成员之间可以相互信任。公司真正的竞争力在于，善待员工，在内部建立起足够的信任，营造出足够强大的文化。

Brain 接着说道："如今你们都希望公司企业文化多元化，你想要员工信仰多元化，想要背景、年龄的多元化，但你一定不想要价值观的多元化。你想要同质化的价值观，一种不应该被多元化的东西。所有公司初创期的故事，最后都会变成当你有 1 000 员工时，津津乐道的故事。就像一种什么样的象征呢，对了，就像你的童年，这些事情后来都会重返你的生活。一家公司也是如此。"

摩莎也是同样。公司成立 30 多年后摩莎全球员工发展到近 2 000 人，公司初创期的故事、创始人的信念和理想，如今已经成为所有员工津津乐道的故事。

摩莎员工说——

作为一名 90 后员工，摩莎让我感受到从上至下、由内而外的"年轻"，前辈们都愿意与每一个新进的员工真诚地分享与建议，每人都愿意倾听、愿意合作、愿意共担。在摩莎的成长会让自己都惊讶，我会因为所自豪的公司文化收益如此之多。但热忱与活力并不代表自由懒散，追求做对的事情的使命感与彻底执行的责任感，专注专业做小事的态度，一切从工作衍生到生活，让我成为更好的自己，这么多更好的我们，让摩莎能走得更远、更久。不忘初心，感激拥有。

——产品部陈工

风雨同舟二十载，看到组织及人员的不断发展壮大，各种制度不断完善，各种有企业文化基底的丰富多彩的活动，有幸一起经历、参与并见证各种辉煌，这是一个有力量的集体。时间堆积的情感记忆历历在目，感恩，感谢！祝福不忘初心，越来越好！

——订单部黎经理

摩莎是我职业生涯里的第一家公司，我在这里从毕业到成家，从一个菜鸟变成了老手。8 年过去了，在这里我学习了很多，成长了很多。愿摩莎能一直发展，业绩长红！

——销售部朱工

谢谢给我们充足的时间与空间，让我们在这里成长，在这里成熟，在这里成就，在这里成为有用的人，谢谢许多年的陪伴，期待未来继续一起携手，再续佳绩。

——销售部高工

MCN（摩莎中国）早就是俺的第二个家了，她真的是一个可以承载并实现梦想的地方，我人生中最多的激动、感动、欢乐、痛苦、骄傲、失败似乎都交织在这里了…… 感谢 MCN，更感谢大家庭里温暖我、激励我、帮助过我的每位家人！

——销售部马工

谢谢你伴我一路成长，从刚毕业的职场小白到今天不一样的自己，在这里的每一天都让我充满归属感。未来也请多多指教，一起打造不一样的天空！

——财务部王经理

我加入摩莎已有 20 年 4 个月了，我非常认可摩莎的工作氛围，愿意为摩莎的成长贡献自己的力量。感谢公司，让我有了发挥自己长处的舞台，选择摩莎是我这一生中最正确的选择，感谢摩莎！

——技术部谭工

有幸加入 MCN 这个大家庭，至今已是第 6 年，感慨良多……尤其是摩莎文化中对于人才的重视，以及对分歧和差异的包容性令人印象深刻。同时，对于初入职场的新人，摩莎给予的关怀以及发展的平台也尤为珍贵。

感恩遇见摩莎，让我成为更好的自己！

——HR 胡经理

在开放多元的环境中见证自己成长；为在中国市场推广这个世界级的品牌而骄傲和自豪；让更多人能认识、感受到摩莎的坚持与魅力，是我工作的“源”动力。

——行销部徐经理

附录一

摩莎企业价值观及大事年表

1. 摩莎经营理念源起

摩莎成立于 1987 年，公司创始人徐正义先生期许能够创造一家真正属于员工的公司，而不只是属于投资者的公司。

他的经营理念是：企业除了赚钱，更重要的是要协助把时间与心力贡献给公司的员工，了解并找到他们个人工作的意义；进而能尽情地完全发挥他们的潜能，创造独特的价值，然后我们以集体的力量，一起回馈社会。

我们相信：我们不只是经营一家公司，而是在经营一个社区，我们的工作不仅只是实现公司的绩效目标，而且是要为这个社区制造快乐与幸福。

我们期望公司：

创造一个开放讨论的环境，尊重多元，勇于沟通，共同塑造公司文化与愿景。

提供学习成长的平台，让员工发挥贡献，创造价值。

与员工共享经营利润并回馈社会。

让同仁在此工作环境中，能追求生活的幸福圆满。

2. 摩莎核心价值观

诚信正直、相互尊重、以客为尊、彻底执行

诚信正直

我们坚持以高度职业道德的态度来经营我们的事业，并以此为社会典范。

指导原则：

我们以诚心诚意、重信诺且清廉公正的态度，对待客户、同仁、股东及供应商。
我们敞开胸怀说真话，凡事依据事实、证据、理论做客观判断。
我们不参与任何违法的行为，包括不收受回扣或不当馈赠等。

相互尊重

我们深信人是摩莎成功的最重要基石。
指导原则：
我们相信每个人都愿意在工作上做最大的努力，并展现最高的工作热忱。
我们肯定彼此的优点及贡献，同时，我们尊重并珍惜个人之间的差异。
我们包容因为尝试创新而犯的错误，并汲取经验。
我们仔细聆听彼此的意见并做适当的回应，我们鼓励经常理性、公开且诚恳地沟通与建言。
我们发挥超越组织、地域及本位主义的团队精神。

以客为尊

我们承诺要达到客户的需求且超出客户的期望。
指导原则：
我们提供高品质的产品及服务，以持续获得客户的尊敬与信赖。
当我们执行工作时，优先从客户端的角度来思考，以期达到双赢互利的结果。
我们谨慎许诺，一旦承诺客户，就要全力以赴，如期完成。

彻底执行

摩莎人坚持实事求是，彻底执行。
指导原则：
我们展开每一项目标及策略都会拟定出具体时间表及可衡量的计划，并彻底执行。
我们不断提升决策速度及行动速度以达到最佳绩效。
我们勇于面对并克服困难，对工作及任务负责到底。

3. 摩莎大事纪

1987—1990 年 创业期：确定市场机会

五名台湾师大附中 404 班的同班同学于 1987 年共同创立了摩莎，而 404 班正是公司中文名称——四零四科技的由来。在草创初期，五位创办人在小小的公寓中开始了摩莎第一个工业自动化设计整合专案，协助客户导入工业级串列应用。隔年正式推出 C108 八埠智能型多埠串列卡，即获市场热烈回响，成功打响名号。借此契机摩莎开始投入工业设备联网市场，展开在工业联网与自动化领域的研发与创新之旅。

1987 年：公司成立 。

1988 年：正式推出 C108 八埠智能型多埠串列卡。

1990 年：传真 / 资料库数据卡引进市场。

1990—2000 年：进军全球市场

全面拓展国际业务，建立摩莎在海外市场的知名度。1995 年进军大陆市场，深化在地市场服务。随着以太网络发展，投入以太网络工业应用开发。1998 年发表异步设备联网服务器，通过网络提供稳定可靠的远端串列设备控制，于工业控制领域中开创网络应用新契机。

1995 年：在北京设立第一个国内办事处。

1996 年：在美国加州成立摩莎美洲分公司（Moxa Americas）。

2000 年：随着营运扩大，摩莎将总部办公室迁至台湾省新北市。

在德国设立第一个欧洲办事处。

2001—2009 年：扩展工业互联网应用

持续强化全球布局，在欧洲各地成立分公司。深耕欧洲市场、提供在地化服务，并扩展网管型以太网络交换机、嵌入式电脑和工业级无线解决方案等产品线，打造完整工业联网与运算解决方案。

2002 年：在中国上海成立摩莎子公司。

2003 年：成立摩莎心源教育基金会，带领摩莎员工回馈社会，为下一代的教育与环境永续发展努力。

成立艾易科技（Moxa Networking），专注发展工业联网产品与以太网络交换机。

2006 年：成立易力科技（Moxa System），专注发展嵌入式电脑产品。

于德国慕尼黑成立摩莎欧洲子公司（Moxa Europe）。

2008 年：成立连易科技（Moxa Connectivity）专注发展工业电脑产品。

成立艾纬科技（Moxa Wireless）专注发展无线网络产品。

扩展国内、国际市场，于北京、深圳和法国巴黎成立分公司。

2010—2019 年：把握工业物联网新契机

在亚洲、欧洲、美国增设营业据点，同时将全球经销和服务网络扩展到全球 80 多个国家，以专注解决全球客户需求，并持续投入轨道交通、海事等垂直市场的工业联网应用开发，成为全球前三大工业通信设备制造供应商。

2013—2017 年：三度荣获亚洲制造业大奖颁发“最佳工业连网供应商”。

2011 年：成立艾磊科技（Moxa Automation）专注 I/O 产品开发。

在印度成立摩莎分公司。

2012 年：于巴西圣保罗成立摩莎分公司（Moxa Brazil）。

2013 年：在俄罗斯莫斯科成立摩莎分公司（Moxa Russia）。

2014 年：成立艾明科技（Moxa Security）专注发展 IP Survillances 产品。

在韩国首尔成立摩莎分公司（Moxa Korea）。

2015 年：在英国成立摩莎分公司。

2018 年：摩莎与趋势科技共同成立合资公司 TXOne Networks，致力开发工业物联网信息安全应用产品。

加入 OPC Foundation's Field Level Communications （FLC）指导委员会，与 20 多家全球工业自动化大厂同共参与 FLC 计划，将 OPC UA 统一架构延伸到工业级现场通信。

2019 年：与台湾大学合作成立网络创新实验室，探讨下一代工业网络前瞻性技术——时效性网络 （Time-Sensitive Networking， TSN）。

通过工业互联网产业联盟（Alliance of Industrial Internet，AII）国内首次 TSN 设备互通测试。

4. 摩莎荣誉

1994 年：摩莎异步服务器荣获 Byte 杂志票选为“最佳联网产品”。

2000 年：通过 Windows 2000 认证。

2003 年：荣获中国台湾“小巨人奖”与“盘石奖”。

EDS6008 八埠智能型以太网交换机荣获中国台湾第十届“中小企业创新研究奖”。

2005 年：荣获第六届“工业精锐奖”。

EDS-508 以太网交换机荣获美国《控制工程》编辑首选奖。

2006 年：26 埠模组化智能型千兆以太网交换机 EDS-726 荣获德国 iF 产品设计奖。

NPort W2004 无线设备服务器荣获《工业工程新闻》最佳新产品奖。

多项产品荣获中国“台湾精品奖”（ioLogik E2210 以太网 I/O 服务器、AWK-1100 工业级无线 AP、EDS-726 以太网交换机、VPort 3310 工业级摄像机、ThinkCore IA240/241 嵌入式工业电脑）。

推出 USB 至串列转换器产品线。

2007 年：W315 无线嵌入式电脑与 ioLogik E2210 主动式以太网 I/O 服务器，荣获美国《控制工程》工程师首选奖。

2008 年：获 104 人力银行“2008 职场幸福人”网络票选为“幸福工作企业”。

EDS-728 智能型千兆以太网交换机，获德国红点设计（Red Dot）产品设计奖，与日本优良设计奖（Good Design Award）。

MGate MB3170/3270 Modbus 设备联网服务器荣获中国“台湾精品奖”与日本“优良设计奖”（Good Design Award）。

W345 嵌入式电脑和 DA-662 工业级嵌入式电脑荣获中国《控制工程》工程师首选奖。

W311/321/341 系列嵌入式电脑荣获中国工控网颁发最佳产品奖。

2009 年：EDS-619 模组化以太网交换机荣获德国红点设计（RedDot）产品设计奖与日本优良设计奖（Good Design Award）。

IA260 和 DA-682 嵌入式电脑荣获中国“台湾精品奖”。

推出全球第一台通过 IEC 61850-3 认证的机架式嵌入式电脑 DA-681-I-DPP-T。

2010 年：符合 EN 50155 标准的 TN-5518 车载以太网交换机荣获德国 iF 产品设计奖与《控制工程》工程师首选奖。

工业级以太网交换机系列通过 GL，ABS，LR 以及 NK 等数项海事应用认证并获得 ABB 工业 IT 认证。

2011 年：VPort-16-M12 车载网络摄影机荣获德国 iF 产品设计奖。

EDR-G903 工业级网络安全路由器荣获中国《控制工程》工程师首选奖。

ICS-G7852 以太网交换机荣获中国《控制工程》最佳产品奖。

2012 年：荣获美国太空与军事科技公司（Northrop GrummanInformation Systems）评选“最佳供应商”。

通过 OHSAS 18001 职业健康及安全管理认证。

多项产品荣获中国台湾精品奖（MPC-122-K X86 海事专用电脑、ICS-G7852 工业级以太网交换机、AWK-5232 工业级无线 AP）。

2013 年：荣获亚洲制造业大奖颁发“最佳工业联网供应商”。

荣获全球知名人力资源顾问公司怡安翰威特（Aon Hewitt）颁发“2013 年中国台湾最佳雇主奖”。

摩莎美国子公司获选为“加州橘郡最佳工作职场”。

多项产品荣获中国台湾精品奖（EDS-G205A PoE 以太网交换机、NPort 5000AI 串列设备服务器、MiiNePort E2 嵌入式串列设备服务器、UC-8481 工业级电脑、MC-5150 海事电脑）。

AWK-1127-PoE 工业级无线 Client 荣获中国《控制工程》工程师荣誉奖。

通过 IRIS（International RailwayIndustry Standard）国际铁道产业标准认证。

2014 年：加入 Cisco、GE、IBM、Intel 和 AT&T 行列，成为工业网络联盟（Industrial Internet Consortium，IIC）会员

连续两年被亚洲制造业大奖评选为“最佳工业联网供应商”。

荣获 Frost & Sullivan 颁发客户价值领导奖。

MPC-2240 海事专用平板电脑荣获德国红点设计（Red Dot）

产品设计奖。

多项产品获颁中国“台湾精品奖”（EDS-G500E 工业级以太网交换机、EDR-810 安全路由器、VPort56-2MP 坚固型变焦式网络摄影机、ioPAC 8500 强固型模组化 RTU 控制器、RNAS-1200 工业级强固型网络储存系统、EXPC-1319 无风扇坚固型平板电脑、MXConfig 工业级网络配置管理软件）。

EDR-810 工业级路由器荣获中国《控制工程》工程师荣誉奖。

VPort 56-2MP 坚固型 IP 摄影机荣获中国《控制工程》工程师首选奖。

2015 年：MGate 5105 工业协议转换器荣获中国《控制工程》工程师首选奖。

2016 年：荣获全球知名人力资源顾问公司怡安翰威特（Aon Hewitt）颁发年度中国台湾“最佳雇主奖”。

获 ABB 颁发最佳供应商奖。

多项产品荣获中国《控制工程》工程师首选奖（EXPC-1519 强固型平板电脑、W5208 无线闸道器、iolLogik 2542 系列智能型远程 I/O）。

UC-8112 无线嵌入式电脑荣获中国《控制工程》工程师荣誉奖。

MGate MB3660 工业以太网协议转换器荣获中国《控制工程》最佳产品奖。

2017 年：第三度荣获亚洲制造业大奖颁发“最佳工业联网供应商”。

UC-8112 IIoT 网关荣获中国《控制工程》工程师首选奖。

SDS-3008 智能型交换机荣获中国《控制工程》最佳产品奖。

AWK-4131A-US-T 户外型工业级无线 AP 荣获中国《控制工程》工程师荣誉奖。

2018 年：SDS-3008 智能型交换器荣获德国红点设计（Red Dot）产品设计奖。

2019 年：ioThinx 4500 系列 I/O 控制器 荣获德国红点设计（Red Dot）产品设计奖。

MGate 5114 TCP 转换器荣获中国《现代制造工程》产品创新奖和中国《控制工程》年度最佳产品奖。

NPort S9650I 串列设备服务器获中国《工控网》颁发“最佳工业联网奖”。

附录二

AFC 行业术语和缩略语

术语

自动售检票系统 基于计算机、通信、网络控制等技术，实现城市轨道交通售票、检票、计费、收费、统计、清算等管理全过程自动化的系统，简称 AFC 系统。

票务清分系统 用于发行和管理城市轨道交通车票，对线网内不同线路的票、款进行结算和清算，并具有与城市轨道交通线网内乘用消费的其他付费卡进行清算功能的系统。

中央计算机系统 用于监控和管理城市轨道交通单线路或多线路自动售检票系统的计算机系统。

车站计算机系统 用于车站级票务处理、运行管理和客流统计的计算机系统。

车站终端设备 安装在城市轨道交通线路各车站，进行车票发售、进站检票、出站检票、充值、验票分析等交易处理的设备。

自动售票机 用于自主发售、赋值有效车票，具备自动处理支付和找零功能的设备。

半自动售票机 用于人工辅助发售、赋值有效车票，具备补票、退票、查询、更新等票务处理功能的设备。

自动充值机 用于对储值卡进行自助充值，并具有查验交易和余额等信息功能的设备。

自动检票机 对车票进行检验和处理，并放行或阻挡乘客出入付费区的设备。

单程票 在限定时间内一次性使用的车票。

储值卡 具有储值功能，可重复充值使用的车票。

进站 从非付费区到付费区通过的行为。

出站 从付费区到非付费区通过的行为。

付费区 在车站内进站检票机与出站检票机及护栏之间的封闭区域，包括运营的列车车厢内区域。

非付费区 付费区以外的区域。

缩略语

票务清分系统 ACC（AFC Clearing Center System）

线路中央计算机系统 LC（Line Central Computer System）

线路计算机工作站 LCWS（Line Computer Work Station）

多线路中心计算机系统 MLC（Multi-line Central Computer System）

车站计算机系统 SC（Station Computer System）

车站计算机工作站 SCWS（Station Computer Work Station）

票卡处理单元 TPU（Ticket Processing Unit）

自动售票机 TVM（Ticket Vending Machine）

半自动售票机 BOM（Booking Office Machine）

闸机 AGM（Automatic Gate Machine）

政府和社会资本合作 PPP（Public-Private-Partnership）

项目管理办公室、项目管理中心或项目管理部 PMO（Project Management Office）

近场通信 NFC（Near Field Communication）

图书在版编目（CIP）数据

明道正心：摩莎科技致远之路 / 刘劲松，魏娟著
. -- 上海：同济大学出版社，2022.3
（中国轨道交通 AFC 行业里的追梦者）
ISBN 978-7-5765-0103-2

Ⅰ．①明… Ⅱ．①刘… ②魏… Ⅲ．①城市铁路－轨道交通－售票－铁路自动化系统－概况－中国 Ⅳ．①U293.22

中国版本图书馆 CIP 数据核字（2022）第 003606 号

明道正心：摩莎科技致远之路
刘劲松　魏娟　著

出 品 人　金英伟
统　　筹　闻鼎传媒
责任编辑　尚来彬　　责任校对　徐春莲　　装帧设计　张　微

出版发行　同济大学出版社 www.tongjipress.com.cn
（地址：上海市四平路 1239 号　邮编：200092　电话：021-65985622）
经　　销　全国新华书店
印　　刷　上海安枫印务有限公司
开　　本　710mm×960mm　1/16
印　　张　8.75
字　　数　175 000
版　　次　2022 年 3 月第 1 版　2022 年 3 月第 1 次印刷
书　　号　ISBN 978-7-5765-0103-2
定　　价　88.00 元